온들머 사근

불가미흐가리하   사사사

빨간마후라의 서사시
하늘에 산다

2012년 1월 16일 초판 발행

지은이 박종권 ◑ **펴낸이** 안대현 ◑ **펴낸곳** 풀잎 ◑ **등록** 제2-4858호
주소 서울시 중구 예장동 1-51호 ◑ **전화** 02_2274_5445/6 ◑ **팩스** 02_2268_3773
디자인 디자인스튜디오 203 대전

※ 잘못된 책은 바꾸어 드립니다
ISBN 978-89-967588-1-5 03810

빨 간 마 후 라 의   서 사 시

하늘에 산다

글 | 박종권

책 머리에

이 책에 담겨진 글은 전투기 조종사들이 하늘을 날았던 이야기다.

필자가 전투기 조종사로서 30여 년 동안 빨간 머플러를 목에 두르고 광활한 하늘을 날으며 우주 공간에서 생과 사를 넘나 들었던 순간 순간들의 느낌을 담은 시와 수필들이다.

광활하면서도 공허하기만 했던 하늘에서 비행은 언제나 그 순간 순간이 무한한 우주에의 새로운 도전이었다.

그래서 하늘은 그들의 영원한 망향이었다.

이 책은 전투기 조종사들의 비행모습을 사실대로 담은 하늘의 서사시다. 젊음의 패기, 정신적 용기, 새처럼 날기를 원했던 태고의 꿈에 대한 도전의 이야기는 하늘에 날기를 꿈 꾸며 살아 가는 우리 모두의 이야기가 될 것이다.

이 시간에도 그들은 밤과 낮을 가리지 않고 붕정만리 날고 있다.

우리는 그들을 信念의 鳥人이라 불러왔다.

하늘을 새처럼 자유롭게 날고파 했던 오랜 꿈은 이루어 졌지만 더 빠르게 더 높게 날고자하는 도전은 계속될 것이다. 많은 사람이 도전하지만 그 꿈의 성취는 쉽지 않다. 그 꿈의 성취는 소수만의 것이다. 전투 조종사들은 그 소수의 일부다. 자유로이 하늘을 날며 영원히 죽지 않을 새가 있다면 나는 그 새를 〈불사조〉라 부를 것이다. 죽지않는 새, 〈불새〉는 전설의 새다.

나라에 존망의 위기가 오면 가장 먼저 천리안으로 적의 심장부를 강타하는 하늘의 전사들이 전투기 조종사들이다. 〈빨간 마후라〉의 사나이는 그들의 대명사다. 그들은 오늘도 내일도 끝없는 불모지, 황량하기만 한 하늘의 길을 열어가고 있는 것이다. 하늘은 그들의 요람이요, 일터며 싸움터 이다.

수도 상공 높은 고도에서 초계비행을 하다 보면 동해안을 따라 멀리 원산만이 보인다. "아 어느 때쯤 두만강 따라 북 만주 건네 보며 동 터져 오는 하늘, 패기 찬 요기와 함께 초계비행을 할까?" 그들의 애국심과 통일을 염원하는 충정의 독백이다.

전투기 조종사들이 누비고 지나간 수없는 하늘의 발자취는 그 공허한 하늘 공간에 구름이 바람에 사라지듯 흔적은 없다. 그들 앞에 언제나 두렵고 겸허한 새로운 시작이 있을 뿐이다.

이 수필과 시가 내일 더 많은 이 나라 젊은 이들에게 하늘을 날려는 꿈을 넘어 우주로 향한 도전과 그 용기에 보탬이 되기를 바라는 마음으로 이 책을 엮었다. 하늘은 우리들의 영원한 망향이기에 책이름을 '하늘에 산다' 라 했다.   2012.01.01

01 창공의 서사시
— 수필편

Ace를 꿈꾸는 조종사들 헌시Ⅰ 불새	014
내가 만난 최초의 적기	024
빨간 머플러 유감	042
동작동에 묻힌 얼굴들 헌시Ⅱ 나는 하늘에 살아있다	048
긴급출동 명령 헌시Ⅲ 사라진 조인을 위해	053
한강 에어 쇼의 회상	067
새벽 초계 비행 헌시Ⅳ 팬텀기로 새벽 비행을	074
야간 비행의 추억	091
마지막 비행	102
팬텀기 40년의 애환 Ⅰ 팬텀기를 갖기 까지	118
팬텀기 40년의 애환 Ⅱ 아리조나 하늘의 눈물	134
알프스의 雪原 비행	142
전투 조종사 아내의 글	149

Contents

창 공 의   서 사 시 02
— 시편

불 새 빨간 머플러를 위한 헌시 *英詩	156
새벽 초계 비행 팬텀을 탄다 *英詩	160
저 하늘은 *英詩	166
나는 하늘에 살아 있다 *英詩	170
순간에서 영원으로 *英詩	174
10월의 하늘 속에 *英詩	178
이푸른 산하를 *英詩	182
조국의 하늘을 *英詩	186
영공에 독수리 되어 *英詩	190
졸업앨범	194
7월의 태양처럼	196
태양을 먹고 사는 새	198
해 돋는 소리	200
에필로그	202

프롤로그 Prologue

우리 전투기 조종사들은 언제나 빨간 머플러를 목에 두르고 하늘을 나르면서 愛機 와 함께 목숨을 같이 했다.

전투기 조종사들은 하늘의 격추 왕 ace가 되려 했던 하늘의 전사들이다.

한평생 조국의 하늘에 몸과 마음을 바치려 했던 전투 조종사들처럼 나에게도 그런 야망이 있었다. 그러나 그런 기회는 오지 않았다. 전투기 조종사들은 언제인가 그런 상황이 올 것 이라 믿으며 오늘 하늘을 날고 있는 것이다.

내가 F-86F 세이버 제트기를 몰고 하늘을 누비기 시작했던 때가 1961년이다. 50년 전이고 나이 스물셋 참으로 앳된 젊은사관 시절이었다.

그 후 30 여 년의 긴 세월이 지나는 동안 온갖 사경을 넘어 전투 조종사로서 비행사고 없이 살아 남았다. 전투기 조종사로서 가장 유능한 요기가 되려했고 가장 신뢰 받는 편대장이 되려 했으며 존경 받는 최고의 공중 지휘관이되려 했다.

전투비행단 단장이 된 이후에도 수많은 전투기 조종사들과 함께 비행을했다. 팬텀기와 최신형 F-16D 전투기를 조종하며 전역하는 마지막 순간까지

비행을 했다.

나의 정열은 오직 저 광활한 하늘을 날 때 만이 생명을 얻었고 시위를 떠난 화살처럼 구름을 스치며 태양을 향해 날았다.

사랑하는 연인의 얼굴도 고향의 늙으신 어머니의 자상한 모습도 케노피에 비쳐진 기억은 없다. 조종간을 오른 손에 꽉 쥐었을 때엔 오직 나의 영혼은 순간 순간을 앞지르며 하늘을 향해 날았을 뿐이다.

용감하게 강하게 두려움 없이 하늘을 날던 사람들, 야간 비행에서 때때로 밤하늘 어디론지 사라지는 유성을 보며 나의 운명인듯 가슴이 저려했던 사람들, 전투기 조종사들은 그렇게 강한 불새였음에도 순수한 산새였던 것을 나 스스로도 당시엔 몰랐었다. 전투기 조종사들이 언제나 임무를 마치고 기지로 돌아 가는 이 길목의 산기슭, 이 산정에 서서 밤 하늘 흐르는 유성을 보듯 그립고도 애틋한 심정으로 기지로 돌아가는 편대비행의 모습을 본다.

이제 나는 날지 못하는 한 마리 작은 새, 외로이 어디론지 지나가는 한 마리 산새에도 눈을 떼지 못한다. 나도 저렇게 날던 강한 새였던 것을! 해 지는 산 마루에 또 한 무리 산새들이 어디론지 돌아 사라져 간다.

전투기 조종사들은 특수한 상황 속에서 함께 살았다. 가족들도 그러했다. 우리들에게는 남다른 대화와 사건이 있었음에도 그 애환은 세월 속에 묻혀 갔고 기억 속에 사라져 갔다.

그들은 언제나 하늘을 쳐다 보며 전투기와 함께 살아가는 창공의 사나이들이었다. 날개를 나란히 하여 대지를 떠나기도 했고 때로는 혼자서 떠났다. 그들이 가는 하늘길을 앞서 안내하는 사람은 없다. 아무도 없는 우주 공간에서 오직 태양과 달과 별무리만이 그들이 가는 길을 안내했다.

바람과 구름, 비와 눈 사이사이를 뚫고 그 황량한 하늘 공간을 빠져 나가면서 스스로 불사조不死鳥라 한 것이다.

사랑하는 연인들이 만들어 준 빨간 마후라를 목에 두르고 태양보다 뜨거운 정열로 활화산 보다 더 세게 치솟는 생명의 의지로 더 높이 더 빠르게 날고자 했던 그들이다. 때로는 해가 기울었음에도 새벽이 왔음에도 돌아오지 않았다.

그 간절했던 기다림과 끝내 사라져 가버린 아픔을 우리 모두가 기억한다.

여기에 담긴 대부분의 글들이 그들과의 대화이고 그들을 위한 나의 헌시獻詩들이다. 나는 지금 날기를 멈추었고 그들을 생각한다.

사라져간 불새들, 무엇인가를 찾으며 더 멀리 더 높이 날고자 했던 신념信念의 조인鳥人들, 그리고 그들이 사랑했던 사람들 그들 모두를 잊지 못한다.

내일 새로운 태양이 다시 떠오를 것이다. 그들이 지나간 이 하늘의 길에 누군가 새로운 도전을 시작할 것이다.

새로운 용기 있는 우주의 도전자들에게, 하늘의 길을 열었던 信念의 鳥人들에게, 그들을 지켜 주었던 그들의 헌신적인 아내들에게 이 책을 바친다.

2012. 01. 01. 저자

01

────창공의　서사시
수　　필　　편

Ace를 꿈꾸는 조종사들

헌시 I 불새

내가 만난 최초의 적기

빨간 머플러 유감

동작동에 묻힌 얼굴들

헌시 II 나는 하늘에 살아있다

긴급출동 명령

헌시 III 사라진 조인을 위해

한강 에어 쇼

새벽 초계 비행

헌시 IV 판텀기로 새벽 비행을

야간 비행의 추억

마지막 비행

팬텀기 40년의 애환 I

팬텀기를 갖기 까지

팬텀기 40년의 애환 II

아뤼조나 하늘의 눈물

알프스의 雪原 비행

전투 조종사 아내의 글

Ace를 꿈꾸는 조종사들

전투기가 드디어 생명을 얻었다. 대지를 박차고 저 광활한 하늘로 향해 치솟는 모습은 참으로 장쾌하다.

조종사들은 하늘 길을 열어 가는 우주의 도전자들이다.

하늘로 가는 길, 활주로는 언제나 좁고 짧아 마음을 초조하게 했다. 그러나 그 길을 통해 대지를 떠난 하늘은 한 없이 자유롭고 끝없이 광활했다. 지금 전투기 조종사들이 이 붕정만리의 먼 길을 떠나고 있는 것이다.

나도 이 길을 수없이 넘나들었다.

이윽고 완전 무장을 한 육중한 2대의 팬텀기가 관제탑의 이륙허가를 복창하면서 길게 뻗은 활주로를 향해 진입해 갔고 활주로 정 중앙선에서 좌우로 공간을 나누어 나란히 정대했다.

통상 전투기들은 이륙 직전 최종 지상 점검을 활주로 끝에서 마친다. 외부 점검을 끝낸 정비사, 무장사들, 통신사들 까지도 이제는 전투기 곁을 떠났다. 활주로 끝에 매달린 풍랑이 전투기가 이륙할 방향을 몸체로 흔들고 있을 뿐 주변의 모든 침묵이 긴장감을 더했다. 전투기를 띄우기 위해 나선 모든 요원들이 이륙 직전의 전투기가 제대로 이륙될 것인지 가슴 졸이며 주시하고 있는 것이다. 활주로 끝에 들어선 이륙 직전의 전투기 편대를 지켜보고 있노라면 언제나 긴장과 초조감으로 가슴의 고동도 숨소리도 멈추게 된다.

곧 전투기 편대는 생명을 얻어 우렁찬 폭음과 동체 후미에 불기둥을 뿜어 대며 활주를 시작하고 저 광활한 하늘로 비상할 것이다. 활주로는 전투 조종사에게 생명선과 같다. 그들은 떠나온 이 좁은 길로 반드시 다시 돌아와야 한다. 전투기 조종사들 언제나 하늘을 나를때는 새들처럼 약속된 그들만의 은어와 수신호를 쓴다. 활주로에 정대한 전투기들은 최종 내부 점검을 끝내고 요기로부터 이상없음을 수신호로 확인한 편대장은 드디어 잠시 숙였던 고개를 들었다. 편대 이륙을 시작한 것이다. 최고로 긴장되는 도약의 첫 순간이다.

GO! 앞으로 나가려 몸브림치는 팬텀기는 양쪽 폐달에 줕혔던 브레이크 압력이 순간적으로 풀리자 맹수처럼 요동치며 앞으로 나갔다.

동시에 후기연소 after-burner 조절기를 앞으로 밀어 max 위치까지 넣자 동체 후미에서 붉은 두 줄기 불기둥이 낮임에도 선명하게 드러난다. 우주 탐험 로켓이 하늘로 발사되듯 육중한 팬텀기가 두 줄기 긴 불기둥을 뒤로 내 뿜으며 앞으로 쭉 뻗어 나가는 발진의 모습은 참으로 장관이다. 더욱이 어두운 야간비행의 이륙모습은 그 뻗어나는 불길의 길이와 빛깔로 장엄함을 더 한다. 드디어 생명을 얻은 육중한 전투기는 누구도 막지 못할 거대한 독수리로 변신한다. 대지를 떠나 하늘로 솟구치려는 전투기는 편대의 빠른 활주의 시작과 함께 양력을 얻어 하늘로 향해 대지를 박차고 솟아 오른다. 많은 사람들이 도전했던 그 위대한 도약의 순간이 이루어진 것이다.

편대장과 날개를 나란히 하여 이륙한 요기는 빠르게 증속해 가는 속도를 느끼면서도 한치의 간격 오차도 없이 혼연일체가 되었다. 편대비행을 유지함에 있어 기장, 기폭, 기고의 표준 기준은 편대장기의 동체에 새겨진 태극기와의 눈높이다. 그 밀집 편대 대형은 서로간의 신뢰와 믿음을 의미했고 동체에 그려진 선명한 태극은 그들의 의무감과 책임감을 더 해 갔다.

"죽어도 되살아도 겨레와 나라, 하늘에 살면서 하늘에 목숨 바친다." 전투조종사가 되기 위해 훈련과정에서 수없이 불렀던 '우리는 전투 조종사' 노래다. 편대이륙은 참으로 멋있고 장쾌한 비행이다.

편대장의 수신호에 따라 대형을 그대로 유지한 채 보조 날개와 바퀴다리를 동체 속으로 접어 넣자 그들은 순식간에 우주 공간으로 이륙을 지켜 보는 이들의 시야에서 사라졌다.

대지를 떠난 전투기는 거침없이 하늘로 치솟았다.

전투기의 조종좌석은 좁다. 캐노피를 덮고 나면 일어설 수도 없고 뒤로 돌아앉을 수도 없다. 저산소증에 걸리지 않도록 끊임없이 산소 흡입상태를 확인해야 했다. 때때로 과산소증이나 저산소증으로 치명적 사고를 유발하곤 했기 때문에 운중 비행이나 야간 비행시에는 숨 쉴 때 마다 입 모양으로 껌벅거리는 산소 흡입 지시계의 움직임을 확인해야 했다. 내가 지금 살아있는 생명체임을 인식시켜 주는 유일한 시각물이 되어 주었다.

드디어 전투기 조종사들은 신념의 조인이 되어 성층권을 날고 있는 것이다. 붕정만리鵬程萬里 먼 하늘 길을 향해 더 높이 더 빠르게 날아 가고 있는 것이다. 독수리가 먹이를 찾듯이 적기를 찾고 있는 것이다.

활주로 끝에는 비상출동대기실이 있다. 전투 조종사들의 제2의 요람이다. 이 시간에도 완전 무장을 갖춘 전투기가 비상대기실에서 출격을 대기하고 있다. 조종사들은 비상 대기실 alert-room에서 정비사, 무장사들과 함께 1년 365일 1일 24시간 활주로 끝에서 출격명령을 기다린다. 낮과 밤 구분 없이 언제든지 출동명령이 내려지면 최단시간에 하늘로 향해 떠나야 한다. 이들이야 말로 명실상부한 사천만의 불침번이요 하

창공의 서사시 | 17

늘의 저격수들이다.   일선 조종사들은 1주일에 최소 2회 이상은 여기서 밤을 지샌다.

전투기의 기령은 통상 40년이다. 10~15년을 주기로 차세대 전투기가 태어난다. 그래서 신예 전투기가 도입되면 조종사들이 제일 먼저 신예기를 타고파 하고 엄격한 심사를 거쳐 선발되고 기종 전환 교육을 받게 된다. 전투기 조종사로서 최고의 영예가 있다면 최신 전투기를 조종하면서 탑건이 되는것과 에어 쇼팀에 선발되는 것이다.

전투기 조종사들은 통상 하늘에서 1회 비행하는 시간은 1시간~1시간30분 내외다. 1년 비행시간은 200시간 내외다. 연료를 아껴서 이 제한된 시간 내에 모든 전투 기량이 연마되고 유지되어야 한다. 그리고 하늘에서의 ace가 되고자 적기와의 일전을 10년~20년을 두고 기다린다. 나는 30년을 기다렸다. 전투 조종사들은 날고 있는 한 언제나 긴장해야 했다. 그 많은 순간 순간의 비행 속에서 시위를 떠난 화살이 과녁을 명중시키고 달리는 마상에서 날으는 새를 떨어 트리듯 사격술을 익혀야 했고 정면으로 만난 적기를 단숨에 후미로 접근하는 필사의 전투 기동으로 미사일과 기관포의 발사 순간을 표착해야 했다. 구름 속을 비행할 때나 암흑 같은 야간비행에서 단 한번의 실수는 죽음의 늪과 같다. 그 무서운 명암의 길목에서 계기비행으로 때로는 육감과 기소 본능으로 안전하게 빠져 나와야 했다.

이 모든 위험한 장벽들은 불사조로서 뛰어 넘어야 하는 장애물이다. 역경에서 극복한 경험과 기술은 자기를 지켜 주는 유일한 자기만의 비법이고 하늘의 성채가 되어 주었다. 누구도 대신 할 수도 조력해 줄 수도 없는 상황을 스스로 극복해야만 했던 전사들이다. 임구를 마치고 돌아가야 하는 좁은 활주로를 찾아가는 초조와 생환하는 안도의 기쁨은 때때로 그들에게 잡다한 세상사의 갈등과 번뇌를 대범하게 뛰어넘게 해 주었다.

이윽고 전투기 편대가 임무를 마치고 기지로 돌아와 평화롭게 안착했다. 모두가 그렇게 안도 할 수가 없다. 조종사들이 주기장으로 돌아와 케노피를 열고 헬멧을 벗어들고 정비사가 전투기에 걸쳐 준 사닥다리를 타고 내려온다. 그들의 밝은 미소가 모두를 기쁘게 했다.

상기된 얼굴에는 헬멧에 연결된 산소 마스크 자국이 남았고 낙하산을 메고 있었던 조종복의 어깨와 가슴 부위에는 땀으로 흥건히 젖어 있곤 했다.

조종사의 아내들은 매일 매일의 기도 속에서 소금 끼로 얼룩진 조종복을 빨아야 했고 아침마다 새 조종복에 빨간 머플러를 목에 둘러주고 남편을 출근시키고 나면 진 종일 창문 밖 하늘을 쳐다보며 석양에 무사히 돌아 오기만을 기다렸다.

그러면서도 그녀들은 남편의 조종복을 언제나 자랑스러워 했다. 그 조종복은 유난히 지퍼가 많이 달렸고 혈액형이 적힌 명찰과 이런저런 휘장이 많았다. 이런 조종복이 빛을 바래면 그녀들은 천을 뒤집고 잘라서 아이들에게 다시 고쳐 입혔다.

아이들은 그것을 입고 학교에서 우리 아빠가 전투조종사임을 자랑스러워했다. 그 아들이 자라 대를 이어 전투기 조종사가 되기도 했고 아버지 따라 대를 이어 하늘로 사라져 간 비통한 순직도 있었다. 이렇 듯 하늘의 애환으로 하늘은 전 투기 조종사들의 영원한 망향이 되었다.

나는 오래 전인 유년시절부터 전투기 조종사가 되려는 꿈을 가졌었다. 공군 사관학교를 졸업하고 2년 여의 비행 훈련과정을 마친 후 공군의 최정예 전투 비행단인 제10전투비행단에 배속되었을 때가 24세의 약관이었다. 나는 말단 요기로서, 유능한 전투 조종사로서, 하늘의 최고의 무사가 되려 심신을 단련했다.

언제인가 전쟁이 일어나고 하늘에서 적기를 만나면 최초의 에이스가 되리라 하며 일기당천一騎當千의 기량을 끝없이 연마했다.

분대장이 되고 편대장이 되었을 때에는 부하들로부터 가장 신뢰받고 유능한 조종사가 되려 했고 공중 지휘관으로서 책임을 다하는 신념의 조인이 되려 했다. 체력도 특급이 되도록 끊임없이 단련했다. 세계의 모든 전투기 조종사들이 ace가 되려 했던 것처럼 공중전이 있게 되면 최초의 ace가 되려 했었던 것이다. 평시 일일 작전명령으로 공인된 공중 전투 기동비행ACM 스케줄이 하달되면 언제나 이 임무를 선호했고 이렇게 만난 공중에서 만난 가상 적기를 놓친 적은 한번도 없었다.

다행히 한반도에 실전적 전쟁 상황은 없었다. 에이스가 되고자 했던 우리들의 꿈은 결코 이루어지지 않았다. 모두가 에이스가 되려 했던 하늘의 전사들이다. 그들의 꿈과 도전이 오늘 세계수준의 한국 공군력의 바탕이 되었고 현대화 공군의 견인차 역할을 했음이 분명하다.

F-86F 아음속 시대에서 F-4, F-16, F-15 초음속 전투기를 보유하면서40년이 지나는 동안 하늘에서 많은 전투기 조종사들이 배출 되었다. 그동안 300여   명이 넘는 조종사들이 하늘에서 사라져 갔다. 전역한 조종사 대부분은 대한항공 아시아나 항공 등 민항기 조종사가 되었다. 사생관을 함께 하며 젊음을 하늘에 바쳐 온 그들의 애국심이 오늘 현대화된 한국 공군을 만들었고 국적기 민항 발전에 결정적 주역이 됐다.

그들의 하늘로 향했던 도전정신과 우수한 조종기량과 경험이 없었다면 오늘의 세계적 수준의 한국 공군도, 세계 10대 항공사로 급성장한 대한항공도, 도약하는 아시아나 항공의 비약적인 발전도 쉽지 않았을 것이다.

지금도 대지를 떠나는 모습이나 임무를 마치고 귀환하는 편대비행의 모습을 보노라면 나 스스로 전투 조종사였음에 긍지를 느끼며 그들의 은빛 날개에서 눈을 떼지 못한다.

격추왕이 되려는 조종사들의 도전의 꿈은 내일도 계속 될 것이다.

나는 오늘 전투기 조종사들에게 겸허한 마음으로 한편의 詩를 바친다.

불새

ACE를 꿈꾸는 조종사를 위한 헌시다.

이 황량한 하늘의 길을 향해
억세게 날아 가라 불 새들아
너의 영원한 이름은 '빨간 마후라'
저 뜨거운 태양의 용광로 속까지도
저 차가운 밤의 별 무리 속까지도
이 길을 따라 날아가라
우리는 그렇게 커온 불새들이니라.

누가 너의 진실을 아는 가
누가 너의 사랑을 아는 가
그 누가 너의 고독을 아는 가
그래서 그렇게 떼지어 나르는
불새 들인가

나는 느끼노라
이 빠른 음속에서 너의 신념을,
이 높은 고도에서 너의 의지를,
그리고 너의 빛나는 눈동자에서
깊은 애수를…

나는 헤아리노라

너 목덜미 붉디 붉은 빛깔에서

피 보다 진한 망향을

태양처럼 뜨거운 정열을,

활화산처럼 치솟는 너의 생명을,

그래서 너를 '빨간 마후라'라 이름했다.

나도 이 황량한 길을 함께 날아 가리.

태양을 향해, 별무리를 향해,

높이 높이 날아 가리라.

그리고 찬란히 펼쳐오는 내일을

너희 불새 들과 함께 맞으리.

내가 만난 최초의 적기

1965년 한 해가 저물어 가는 새모에 밤부터 눈은 계속 내리고 활주로는 눈으로 덮여 있었다. 출근하는 모든 장병들과 문관들은 활주로로 들어와 눈을 쓸어냈다. 제설 작업은 진종일 계속되었다. 비행훈련은 중지됐고 대대조종사들은 비상대기조를 제외하고 다수가 연말 휴가를 간 상태다.

이 날 오전 11시경 비행대대 작전실의 비행 스케줄 보드에 내 이름이 떠올랐다. 단독 호출 부호를 부여받은 것도 처음이다. 내 호출부호 뒤에는 2대의 엄호편대가 붙었다. 나는 전투조종사가 된 이후 처음으로 부대 지휘관으로부터 출격명령을 받았다. 전혀 예상치 못했던 특수한 정보수집 비행임무가 극비에 하달되었다.

그 해 겨울은 유난히 눈이 많이 내렸다. 밤새 눈이 내리면 그 넓은 비행장은 끝없는 설원이 되었고 떠난 전투기들은 눈으로 덮인 활주로를 찾아오기가 쉽지 않았다. 온 천지가 눈으로 덮이면 주간비행이나 야간비행을 마치고 기지를 찾아 올 때 관제탑에서 비쳐주는 탐조등은 활주로를 떠났던 조종사들에게 유일한 기지 안내자가 되어 주었다.

전투비행단의 활주로는 항시 전투기가 출동할 수 있도록 열려 있어야 했다. 밤서 눈이 내리면 제설 장비가 변변치 않았던 시절이라 출근하는 전 장병은 일직사령의 지시로 할당된 제설작업 구역으로 직행해 쌓인 눈을 제거해야 했다. 때때로 눈을 치우고 있는 그 활주로어 긴급 출동 명령을 받은 전투기가 하늘로 치솟곤 했다.

이날 나에게 주어진 구체적인 출격명령은 단기토 동해 상공에 출현한 정체 불명기에 접근하여 사진을 촬영 해 오는 특수한 임무였다. 절대 먼저 교전해서는 안된다는 지시가 있었고 교전 상황이 발생되면 엄호해 오던 2대의 F-5A 전투기가 즉각 후방에서 적기를 공격하게 될 것이었다. 따르는 엄호편대를 믿고 아직도 제설작업이 덜 끝난 활주로를 떠난 시간이 1966년 12월 30일 13시 40분 나에게 적기를 찾아 떠나는 최초의 출격은 이렇게 시작되었다. 어제부터 정체불명의 적성기가 동해상공의 한국방공식별구역KADIS내로 깊숙이 오르내렸다.

이날도 소련 국적기로 추정되는 정체 불명기가 이틀 째 계속해서 오스크 해협으로부터 출현해서 동해의 독도 상공까지 내려오기를 반복하고 있어 한미 공군 간에 한국의 영공 방위를 위해 최소한의 전술조치가 필요하다고 인식을 같이했다. 태평양 공군 사령부는 특별한 상황이 전개되고 있다고 판단한 것이다.

한국 공군의 주력 전투비행단은 수원에 위치한 제10전투비행단으로 신예 전투기 F-5A 2개 대대와 F-86D 전천후 요격기 2개 대대를 운영하고 있었다. 나는 단 한번의 사고도 없을 뿐 아니라 패기 넘치는 젊은 전투 조종사로 신뢰되고 있었기 때문에 중요한 임무가 떨어질때 마다 요기 급으로는 늘 한발 앞서 선발되곤 했었다.

전투기 조종사들은 매일 매일의 일과가 공중에서 적기를 만나면 어떻게 결판을 낼 것인가의 공중전 훈련과 적의 전쟁 지도부와 전략·전술 목표를 어떻게 침투하며 단 한번의 공격으로 격파시킬 것인가 하는 피 나는 훈련을 쌓아 간다. 일생에 한번의 결전을 위해 그러한 기본 훈련 속에서 자기 만의 비법을 익힌다. 그리고 공중에서 독수리가 먹이를 찾아 헤매듯 적기를 찾아 헤맨다. 나도 그 중의 야심 찬 전투기 조종사였고 진정한 전투기 조종사가 되려 했었다.

그 동안 전쟁은 없었다. 월남전에 파병은 있었지만 전투기 조종사들은 가지 못했다. 모두 가고파 했지만 전쟁 억제력으로 남아야 했다.

전투 조종사들에게 가슴의 피를 끓게 하면서 기대했던 1개 대대의 월남전 파병계획은 공군만은 북한의 도발에 억제력으로 남아 있어야 한다는 정책 결정으로 꿈에서도 그려 보던 전투기 파병은 이루어지지 않았다.

모두가 우려 했듯이 미소 냉전이 종식된 지금까지도 끊임없이 북한으로부터 도발이 있어왔고 서해·동해 그리고 휴전선 가까이 정체 불명기나 간첩선이 수도 없이 나타나 전투기 조종사들은 전쟁터에서 출격이나 다름없는 비상대기 긴급 출동을 해야 했다. 나는 그 수많은 비상출동에서 오늘 처음 단기로 적기를 찾아 나선 것이다.

6.25 전쟁 중에도 그 이후에도 아무도 적기를 공중에서 만나 공중전을 펼 친 적이 없다. 우리는 그런 한때를 기다리며 일격 필추의 훈련을 해 왔다.

나는 너무나 멀리 떨어진 외진 바다와 하늘 그 사이 공간에서 적을 찾아나선 것이다. 어쩌면 단 둘만이 얼굴을 마주하며 지척의 거리에서 만날 수도 있을 것이다.

아무도 없는 우주 공간에서 상대에 따라 돌변적인 사건이 일어날 수도 있다고 생각하니 다소 두렵기도 했지만 내 뒤에 2대의 엄호편대가 있어 위안이 됐다. 동하 상공의 바다와 하늘 사이에 은백색의 얇은 솜 털 구름이 끝없이 깔려 있었다. 동해 상공이지만 구름이 깔려 있어 푸른 하늘만 위로 있을 뿐 바다는 보이지 않았다. 하늘은 푸르기보다 회색 빛으로 변해 있어 긴장을 더해 왔고 오직 태양 하나밖에 보이지 않는 우주 공간에서 적기를 만나게 되면 어떻게 기동해서 적 후미에 머물 것인가, 그리고 어떻게 피사체의 구도를 잡을 것인가? 만약 후미에 기관포가 있다면 스스로 호랑이 굴로 들어가는 꼴이 아닌가? 후미에서의 일격은 절대 용인되어서는 안 된다고 생각하며 30~60도 후 측방으로 접근해 가리라 생각하며 날아갔다. 오늘 나에게 주어진 임무는 적기를 만나 사진을 찍어 가져오는 것이고 어떤 임의의 교전권도 주어지지 않았다. 적기가 교전해 오거나 교전상황이 예상되면 나는 급 기동으로 전장에서 빠져 나오고 정당 방위로 뒤따라 오는 엄호기 편대가 적기를 격추시킬 것이니 절대로 먼저 사격하거나 교전 상황을 만들면 안된다는 것이다.

모든 교전적 행위는 항공통제본부 TAEE에서 지시할 것이다.

오산에 전개되어 있는 미 공군기지에서 미공군 전투기가 출격한다면 미·소간 분쟁의 소지가 된다. 동해 상공의 공해이지만 한국방공식별구역 내의 미 식별 항적에 대한 대응조치는 당연히 우리가 해야 할 주권적 행위이기 때문에 한국 공군이 먼저 나서야 했다. 공군 본부에서 작전사령부를 경유 비행단에 특별 명령으로 임무가 떨어진 것이다.

비행대대장은 작전 사령부에서 내린 명령을 단장으로 부터 직접 받았다. 대대 최고 베테랑급 조종사로 선발해야 했지만 비상대기 임무와 휴가 등으로 인선에 고민을 했을 것이다. 이미 기상예보로 일반 비행훈련은 중지 된상태이지만 상부로부터 받은 이 임무만은 기필코 성공적으로 완수해야 했다. 최강팀으로 출격시켜야 했지만 오늘 이 상황에서 최선의 선택이었다.

"박 대위 자신 있지?"

그는 이런 상황에서 임무의 최적임자로 결정했으면서도 불안스러웠는지 나에게 또 한번 시선을 주었다. 나는 대답 대신 싱긋 웃었다. 그동안 얼마나 기다렸던 출격의 기회였던가? 두려움은 없었지만 날씨가 다소 긴장케 했다. 매일 매일의 비행 훈련 중 가장 자신하는 비행이 적기를 만나는 전투 기동훈련이었다. 갈고 닦아 일기당천의 기량을 닦아 기회가 오기만을 기다리던 때에 용케 기회가 온 것이다.

나는 그 때가 중위시절 이었음에도 한강 에어쇼의 단독비행 조종사로 선발되었었고 그 후 비행 기량은 눈부시게 발전해 갔다. 먹이를 찾는 독수리가 발톱을 감추고 자중자애하듯 한국 동군의 최고 조종사가 되려 얼마나 심신을 다듬어 왔던가? 두려움 없이 먹이를 찾아 떠나는 굶주린 독수리처럼 거침없이 하늘을 날곤 했다. 어느 때는 야간비행까지 하루에 3번을 비행하기도 했다. 하늘의 에이스가 되고 붕정만리를 쉬지 않고 날 수 있는 독수리, 난공불락의 요새를 일격에 때려 부수는 그런 보라매가 되려 서로가 끊임없이 선의의 경쟁을 하면서 비행술을 익혀 왔다.

중요한 작전이 상부로부터 하달되면 언제나 소속 비행대대장이 적임 조종사를 결정했다. 이런 중요한 임무의 조종사 결정만큼은 지연 혈연 동문이 통하지 않았다. 강한 자율성과 높은 전문성만이 신뢰와 선택을 받는 것이다. 지연도 동문도 없는 외딴섬 시골 출신인 나에게 예기치 않았던 이런 실제 상황이 닥친 것이다.

F-5B 전투기를 몰고 활주로를 떠난지 10여 분, 벌써 전투기는 음속에 가까운 속도로 동해 상공을 날고 있었다. 구름 위 회색 빛 높은 하늘 뿐이다.

레이더 통제관이 적기를 찾아가는 진행방향을 동쪽으로 잡아 주었다. 빠르게 날아가고 있으니 대지를 영원히 떠나버린 이방인 같았다. 전방

동체양쪽 모서리에 달린 전투용 뒷면 거울을 보니 열 추적용 공대공 미사일 2발씩을 날개에 단 엄호편대가 저만치 뒤따라 오고 있음이 보인다.

항공작전통제 본부에서 주어진 비밀 주파수로 다시 항공 통제본부를 부르자 항공 통제관과 임무 관제사가 긴장된 톤으로 호출 부호를 확인하며 응신 해왔다. 이날 나의 호출 부호는 〈Roper- red〉였다. Roper는 그 당시 한국 공군의 최강의 전투 비행대대였던 제102전투비행대대의 호출 고유 부호였다.

"로퍼-레드 응답하고 복명하라 여기는 항공통제본부다. 적성기 위치 11시 방향, 거리 50 마일, 고도 20,000만 피트, 속도 200노트, 방위각 090을 유지하라 오버." 나는 거침없이 적성기의 고도와 방위를 간결하게 복명했다. "Roger Angel 20, Vector 090 Over."

나를 앞 세운 3대의 출격 편대는 이미 전장에 들어선 것이다.

엄호편대와의 교신도 서로 간 확인됐다. 긴장감이 더 해 왔다.

나는 애기의 연료상태, 엔진 rpm상태, 오일, 유압 계통점검을 한 순간에 마치고 만일의 경우를 대비해 기관총 무장 스위치를 on했다. 그리고 전진해 갔다. 오직 사진 촬영을 위해서는 적기를 육안으로 포착해야 하고 최단 거리에서 사진을 찍을 수 있도록 접근해야 한다. 적기의 속도가 200 노트라니 분명 전투기는 아닐 것이다라고 예감이 왔으나 긴장되었다. 우리는 최고 속도로 돌진해 전장으로 진입해 갔고 통상 그렇게 훈련했었다. 공중전에서 속도 우위와 고도 우위가 공중 전에서는 승리의 관건이다.

우리는 거의 음속에 가까운 속도로 날고 있었다. 상대적으로 너무 빠르게 접근 하고 있는 것이 아닌가 싶었다. 사실 그랬었다.

공중 사격훈련을 할 때 늘 보던 동해의 검푸르고 거친 파도 이랑은 구름으로 덮여 보이지 않았고 우리는 끝없이 펼쳐진 구름 위를 날며 적기를 찾고 있었다. 산소 마스크로 연결된 껌벅거리는 호흡 지시계를 다시 확인하고 보조 연료탱크의 스위치를 동체 연료 스위치로 전환했다. 모든 것이 정상이다. 전투 기동으로 들어가게 된다면 즉각 외부 연료 탱크를 날려 버릴 것이다. 이제 곧 적기가 시야에 들어 올 것이다. 한 대 일까? 아니면 두 대 일수도 있다. 교전해 온다면 제일 먼저 전투장에서의 내가 할 행동은 무엇인가?

200노트의 속도라면 특수 임무일 것이고 그렇다면 그들도 나처럼 전투기편대가 엄호기로 뒤따르고 있을 것이 아닌가? 그러면 공해 상공에서 본의 아닌 공중전이 일게 될 것이고 전쟁의 발단자가 된단 말인가? 그래도 그것은 어찌 할 수 없는 일이다. 그들이 먼저 선수를 쳐 온다면 목숨 걸고 결단을 내리리라. 그러나 공중 전투에서 후미에서의 일격의 선수 그것은 무서운 일격이다. 결코 후미추적을 허용해서는 안 된다. 나는 후미의 측방 경계를 게을리하지 않으면서 적기의 위치 방향으로 계속 전진해 갔다.

드디어 적기가 나타났다.

"Bandit 10 o'clock high!" "적기 출현 10시 상방!

나를 엄호해 오던 편대의 요기인 남 대위의 긴장되고 날카로운 외침이 고막을 찢는 듯 날아왔다. 순간 머리 끝까지 피가 솟아 오르듯 했다.

눈을 10시 방향으로 돌렸을 때 적기는 약 10마일 거리에서 남쪽으로 유유히 날고 있지 않은가? 동해 상공의 한 복판에 한 점이 되어 저렇게 조용히 흐르고 있다니 일전도 불사할 각오로 달려 온 우리 상대의 실체가 저것이란 말인가? 도대체 어디로 가는 적성 항체인가? 그렇게 긴장되고 일격 필추의 각오로 전장에 들어선 예상했던 상황과는 너무나 다른 상황으로 구름 위를 조용히 흐르고 있지 않은가? 혹시 우리가 유인된 것이 아닌가싶어 그 뒤를 유심히 살폈으나 흰 구름 위에 보이는 것은 아무 것도 없었다. 육안에 들어 온 항적은 비행기의 크기나 속도로 보아 이미 우리의 적수가 아니었다. 나는 일격에 격추시킬 수 있는 거리인 기관포의 최적 사거리인 800~1,200 피트로 후미 측방에서 간격을 좁혀 들어가려 했다. 위치를 항법 장비로 파악해 보니 강릉 기지에서 동남쪽 200마일, 독도상공에 접근하고 있었다. 돌아갈 모 기지 수원까지는 300마일이나 떨어져 있었다. 행동반경의 한계까지 나온 셈이다. 정보수집과 사진촬영 임무를 마치면 지체없이 돌아서야 한다. 너무 멀리 온 것이다. 이 때 예상치 못했던 급변적 상황이 생겼다.

우리는 음속 가까운 속도로 전진해 갔고 적기는 200노트 느린 속도로 서로가 측방으로 접근하고 있었기 때문에 한 점으로 보이던 적기가 갑자기 크게 다가온 것이다. 미리 미리 최적 접근속도로 접근했어야 했다.

나는 적기보다 앞으로 나가면 안 된다는 생각으로 애기를 수직으로 낚아 챘다. 그리고 큰 원을 2번 연속해서 원통을 그리며 rolling으로 적기 뒤에 머물고자 했다. 하지만 계속 적기보다 앞서 나가려 했기 때문에 본능적으로 출력 조절기를 최저수준인 throttles-idle으로 줄이면서 또 한번 적기 꽁무니에 머물려고 rolling을 했다.

이 과정에서 속도 감속기speed-breaks를 폈다. 그런데도 전투기는 타성으로 적기 앞으로 나가는 것이다.

나는 기수를 더 들고 고도를 취하며 저속에서 양력을 얻어내는 보조 날개Flaps까지 내렸다. 그런데도 계속 앞으로 나가려 해서 마지막 수단으로 착륙 바퀴까지 냈다.

전투기 조종사가 할 수 있는 모든 조작을 다 한 것이다. 드디어 같은 속도로 뒤에 머물러 있게 되었고 줄였던 출력기를 다시 앞으로 전개시켰다. 그리고 급히 landing-gears와 flaps, speed-breaks를 순차적으로 원 위치로 집어 넣었다.

그런데 왠일인지 속도가 증가되지 않았고 기수가 떨어지기 시작했으며 이제는 오히려 뒤로 처지는 것이 아닌가? 다급해진 마음으로 계기판 가장자리에 있는 엔진계기를 보니 아뿔사! 출력기 위치가 Full임에도 양쪽 엔진 rpm이 최하에 머물고 있는 것이 아닌가?

양쪽 제트 엔진이 영공비가 맞지 않아 점화가 꺼진 상태로 있는 소위 엔진 실속compressor-stall에 걸려들어 전투기가 생명을 잃어가고 있는 것이다.

적기를 바로 앞에 두고 일도양단의 결정적인 순간에 나 전투기의 엔진이 꺼지다니 전투 조종사로서는 최악의 상황에 봉착한 셈이다.

공중 전투기동 훈련에서 갑작스럽게 비행자세를 높이면 영각angle of attack 은 높아지고 저속에서 공기 흐름과 다량의 연료가 엔진으로 들어오면 연공비가 맞지 않아 이런 현상이 때때로 발생하곤 했었다. 하지만 그런 불행스런 경험은 나에게는 일찍이 없었다.

나는 직감했다. 전투기를 살리지 못하면 내 인생은 여기서 끝난다.

세상 밖으로 우주 밖으로 멀리 나와 있는 나를 도와줄 사람은 아무도 없다. 오직 전투기 만이 나의 생명이다. 이런 절박한 상태에서 전투기의 생명이 꺼져가다니 이럴 수가… 절대 절명의 위기 상황을 내 스스로 자초한 것이다. 아, 이 일을 어쩌나 싶었다. 지옥의 나락으로 떨어지듯 가슴이 철렁했다. 전투기를 먼저 살려야 한다. 스스로 타이르며 비상절차에 따라 기수를 아래로 내리며 공중 시동air-start을 걸었다. 침착하게 비상조치로 최악의 위기를 극복해야 했다. 만약 엔진을 공중시동으로 살리지 못한다면 모든 것이 끝이다. 절대 절명의 순간을 자초한 것이다. 먼저 기수를 낮추고 고도를 속도로 바꾸면서 연료 조절기를 조심스레 전개해 가면서 공중 재시동 버튼을 눌렀다. 10초 20초 30초, 다급해진 마음으로 엔진계기를 응시하며 반응을 기다렸다. 인내심을 시험이라도 하듯 아무런 반응이 없었다. 긴 시간이 지난듯 해서 마음이 다급해졌다. 이제는 끝장이구나 하는데 드디어 rpm을 지시하는 바늘이 움직이기 시작했다. 오 하나님! 감사합니다.

드디어 엔진이 되살아 난 것이다. 천우신조로 전투기가 다시 생명을 얻은 것이다. 그 시간은 나의 일생에 가장 길었던 시간 같았다.

전투기의 생명은 바로 나의 생명, 조종간을 흔들어 보니 힘이 확실히 실려왔다. 살았다. 그런데 적기는 어디 있나? 즈기보다 훨씬 아래로 처져버린 애기의 기수를 글어 올리며 위를 쳐다 보니 500피트 가량 높이에서 적기는 아직도 혼자 유유히 그대로 날고 있지 않은가? 그 사이 엄호기 편대는 어디론지 사라져 찾아 볼 수가 없었다.

애기를 다시 살렸으니 사진 촬영을 위하여 적기의 날개 밑을 파고 들었다. 그런데 적기의 후미를 보니 통상 폭격기들이 갖는 후미 기관포 같은 타원형 원통 같은 것이 쭉 나와 있지 않은가?

금방 불을 뿜을 것만 갈아 조준의 사각으로 빠지면서 자세히 살펴 보니 관측 장비나 수집용 구조물 같았다. 마음을 놓았지만 지체할 시간이 없다. 돌아갈 연료가 부족한 것이다. 그렇다고 그냥 돌아 갈 수가 없다. 대대장의 기대에 찬 얼굴이 떠올랐다. 급하기 사진을 구도를 바꾸며 4장을 찍었다.

그리고 통제 본부에 임무 완료 보고를 했다.

"항공 통제본부 여기는 roper-red 사진 촬영 완료 했음. 즉각 귀환해야 하겠음 오버."

정체 불명기는 중형 기상 관측기나 특수목적의 정보 수집기 같다는 것과 동체에 창구가 10개, 동체에 27이라 적혀 있고 꼬리부분에 소련기 표식을 달고 있음과 조종석은 좌우 복좌이고 적성기 기종은 AN-8 같다고 현장 초도 보고를 마쳤다.

연료 부족임을 알리고 최단 거리 기지귀환을 요청했다. 기수를 서북으로 돌리며 연료를 절약하기 위하여 고도를 높였다. 그동안 전투 조종사가 되기 위하여 얼마나 많은 시련을 극복해 왔던가? 그리고 한번 생사를 건 실력의 겨룸이 있기를 기다리며 전투기량을 닦아 오지 않았던가! 그런 훈련 가운데서 많은 전우와 선후배들이 사라져 갔다.

그렇게 바라던 적기와의 만남이 바로 눈 앞에 오늘 전개된 것이다.

그것도 1대 1로 아무도 없는 하늘 공간에서 만난 것이다. 상대는 전투기가 아닌 정보 수집기이다. 그런데 총 한번 쏴 보지 못하고 어이없이 내 스스로 불귀객이 될 뻔 하지 않았는가? 천당과 지옥으로 오르고 내렸으니 너무나도 호된 첫 출격 신고를 한 셈이다.

임무의 마지막 순간에 적기는 날개 옆에 붙어 있는 나를 보고 놀랐다. 갑자기 급선회를 시작하며 빠져나가려 했다. 태극기 표식을 한 한국 전투기가 난데없이 바싹 붙어 있으니 얼마나 놀랐겠는가? 그는 초동 선회를 멈추고 한동안 유심히 쳐다보더니 손을 흔들어 댔다. 나는 피사체를 담아야 했고 연료도 없어 화답할 심적 여유조차 없었다. 적기라면, 사소한 적대 행위가 있었다면 격추시킬 수 있는 절대 우위의 순간을 포착하고 있었지만 명령에 따라 임무를 충실히 완료했다. 그는 내가 애기를 낚아채어 떠날 때 계속 손을 흔들어대고 있었다.

출격명령에 따라 임무는 완수됐다. 조종실수로 생명을 잃어 가는 전투기를 되살렸고 적기를 만나 촬영도 끝냈으니 후련한 마음으로 기지로 돌아가자며 기수를 서쪽으로 돌렸다. 그리고 연료를 다시 점검하니 아뿔사! 연료잔량 지시계가 전체 연료의 4분의 1도 남아 있지 않았다. 곧 연료 부족 경고 등이 들어올 것이다. 이제는 돌아갈 연료가 부족하고 기상조차 나쁘다. 너무 멀리 왔고 비행조작 실수로 연료가 많이 소진되었다. 명령받은 기본 임무에 너무 집착하고 있었던 것이다. 이제는 1분도 지체할 수 없는 비상 연료 상태로 돌입하고 있었다. 중요한 임무를 마친 후의 안도감과 기쁨은 잠시 뿐, 이제는 귀환 연료 부족으로 가슴이 조여 왔다. 연료를 아끼려 고도를 취했다. 드디어 최소 연료 경고등이 들어 왔다. 이 연료의 잔량으로 모 기지인 수원까지 돌아간다는 것은 무리다. 예비 기지로 선정했던 동해안 강릉기지로 가겠다니 폭설로 활주로가 폐쇄되어 있단다.

다른 선택이 없는 상황이었다. 모 기지인 수원기지의 기상은 구름 높이가 착륙 최저치Landing minimum보다 다소 높고 시정이 2마일이고 가볍게 눈이 내린다니 문제는 연료이다. 연료 고갈 경고등이 들어와 있음을 관제사에게 알렸다. 귀환기지의 지휘소와 관제탑에도 연락이 됐다.

단 한번의 최단거리 접근으로 계기비행 착륙을 요청했다. 모 기지까지 아직도 50마일을 더 가야 한다. 조종사로서 안전한 귀환을 생각한다면 전투기를 살렸을 때 주 임무를 포기했어야 했다. 그러나 임무와 책임감이 종합적 상황 판단을 흐리게 했다.

전투기를 끌어 올려 현재 속도를 최고의 고도로 바꾸고 기지를 향해 최장거리 비행을 시작했다. 연료 부족을 알리는 빨간 경고 등을 실제로 본 것은 이번이 처음이다. 최소한 30분 이내 연료가 바닥난다. 벌써 20분이 지난 상태다. 관제사 유도에 따라 구름 위에서 다시 구름 속으로 들어 왔다. 계기 비행상태가 됐다. 이제 모든 시야도 차단됐다.

주위에는 아무것도 없다. 멀리 있을 활주로 연장선을 상상하면서 최저 속도로 서서히 고도를 낮추며 활강 했다. 전투기는 활주로 축선상에 들어와 있음을 알려왔다.

　구름 속 좁은 전투기 속에서 비행 자세 지시계 하나를 믿고 활주로 를 찾아 가는 사투를 벌이고 있는 것이다. 착륙바퀴를 낼 시기가 됐다. 하지만 언제 연료가 고갈될 지도 모르는 상황이다. 비상 착륙시에는 착륙바퀴가 충격을 완화시킬 것이다. 활공거리를 최대로 얻어야 했기 에 내리는 시기를 최대로 늦추었다. 그러나 착륙 직전에 그 기회를 잊 어서는 안 된다고 다짐했다. 정밀유도GCA 관제사는 전투기에 연료가 고 갈되어가고 있음과 단 한번의 접근이 실패하면 복행조차 할 연료도 없 음을 알고 있어 그도 초조해 하고 있었다.

　엔진 Flame-Out ! 이 외침은 전투기 조종사로서는 하늘에서의 가 장 처절한 절규다. 전투기의 생명이 끊어지니 조종사의 절명의 순간이 나 다를 바 없다.

　"로퍼 레드 고도를 낮추라! 활주로 전방 10마일이다. 그리고 착륙바퀴 를 확인하라. 시정은 2마일, 운고는 2,000 피트, 활주로 상태는 엷게 눈으 로 덮여 미끄럽다. 다시 반복한다. 고도를 낮추라 활주로가 목전에 있다. "

　그 동안 관제사는 침착하게 나를 수원기지로 유도했지만 나는 계기 판의 붉은 연료 경고등에 가슴을 조이면서 계속 구름 속에서 생과 사 의 좁은 공간에서 처절하게 방황하고 있었다.

　"로퍼 레드 고도를 낮추어라. 다시 반복한다. 전방에 활주로가 1마일 거리에 있다." 나는 다급한 관제사의 지시에 따라 고도를 확 낮추니 구름이 뚫리고 바로 앞에 주 활주로로 안내하는 접근 보조 등이 확 들어 왔다. 길 잃은 외로운 새 한 마리가 온갖 사투를 겪고 둥지르 되돌아 온 것이다. 아직 전투기는 살아 있었다. 저 만큼 바다의 등대처럼 관제탑의 강렬한 파란 탐조등이 난생 처음으로 환희의 불빛으로 가슴에 닿았다.

평생 동안 잊지 못할 순간이었다. 나는 마이크로 외쳤다. "insight mama! 활주로 발견!" 나는 높아진 고도를 급히 낮추고 활주로의 좁은 품으로 안겨 들었다. 잊을 뻔 한 착륙 바퀴를 내리고 보조 날개laps를 내리면서 속도를 줄이니 전투기가 드디어 사뿐히 활주로에 앉았다. 길 잃은 새가 등지를 찾아 돌아온 것이다.

눈발이 휘날리는 활주로는 다소 미끄러웠다. 조심스레 가만히 브레이크를 잡으니 눈이 깔려 있음에도 잘 먹혔다. 살았구나 하는 안도감이 조종간과 양쪽 발의 페달을 타고 가슴에 전달되었다. 나는 제일 먼저 안전하게 착륙을 시켜 준 레이다 관제사를 불렀다. "여기는 로퍼 레드 박 대위입니다. 참으로 잘 해 주어서 고맙습니다. "Happy new year" 라 송년 인사를 보내니 그가 답신을 해 왔다. "여기는 오늘 관제를 맡았던 김 대위입니다. 박 대위님 참으로 수고가 많았습니다. Merry - Christmas Happy new year! 그는 내가 누구인지를 알고 있었던 것 같았다. 생과 사의 기로에 서서 우리가 나는 마지막 이 대화가 내가 무사히 살아 돌아 왔음을 의미했다. 나는 주파수를 지상 관제탑으로 바꿔 착륙을 알리며 활주 유도를 받았다. 임구도 끝났고 마지막 교신도 끝났다. 마음을 놓고 나니 가슴에서 무엇이 울컥한다. 눈사울이 뜨겁다.

모두가 아침 일찍부터 활주로 제설 작업을 했다. 그 활주로에 착륙한 전투기는 썰매처럼 좁고 긴 활주로를 따라 조용히 그리고 안전하게 미끄러져 갔다.

나는 나의 비행 실수로 동해 바다 상공에서 사투를 다해야 했고 그 하늘아래서 적기를 만나 임무를 완수하려 했다. 그로 인하여 연료가 고갈되어 가는 상태가 됐고 구름 속에서도 귀소본능歸巢本能으로 떠났던 모 기지로 살아서 돌아 온 것이다. 이제는 개선장군이 된듯한 기분이 되어 비행 대대장을 만날 수 있다고 생각하면서 활주로를 빠져 나오려는데 드디어 전투기의 엔진이 꺼졌다. 공중에서 나의 생명이나 다름없는 전투기가 이제 생명을 잃었다. 모든 것이 정지되었다.

나는 살아 있지만 한방울의 연료까지도 다 소진한 전투기는 꿈쩍도 하지 않았다. 그 전투기 좌석 속에 한 동안 멍 하니 앉아 있으려니 가슴이 메어 지듯 하는 슬픔이 확 달려 들었다.

너가 죽고 나는 살 수가 없는 것이다. 주위에 암흑 같은 적막이 왔다. 아무런 생각도 나지 않았다. 꿈을 꾸고 있는 듯한 느낌이 들었다.

전원이 꺼졌으니 케노피도 열리지 않았다. 잠근 장치를 풀고 수동으로 손으로 받쳐 겨우 열었다. 땀에 흠뻑 젖은 조종복이 바깥 눈바람을 받자 김이 피어 올랐다. 마스크를 제치자 살아 있다는 신선한 생동감이 얼굴에 닿는다. 멀리 고향 바다가 생각났다. 그렇게 조종사가 되려 했던 어린 시절이 스쳐 갔다. 처음으로 기다리고 있을 아내 얼굴이 떠올랐다.

2시간의 비행시간은 내가 선택한 하늘 길에서 가장 가슴 조였던 가장 긴 시간이었다. 다시 한번 하늘을 쳐다 보았다. 내가 착륙 전에 비상 상태Emergency call를 선포했던 탓으로 이미 대기중인 비상구조 소방 차량이 요란한 경적을 울리며 달려오고 있었다. 문득 아직 기지로 돌아가고 있을 적기 조종사가 떠올랐다. "사고 없이 잘 돌아가고 있겠지" 하는 적기에 대한 부질없는 생각이 들었다.

분명한 것은 그도 나도 오늘 최선을 다 한 조종사였다는 사실이다.

다시 눈은 내리기 시작했다. 기지 관제탑 탐조등의 강하고 파란 탐조등 섬광 속에 1965년의 한 해가 서서히 저물어 가고 있었다. 모두가 출격 조종사가 무사히 귀환되기만을 간절히 바라고 있었다.

나는 천우신조로 귀환할 수 있었고 임무를 완수했다는 뿌듯한 기분이 되 살아나 구름으로 덮인 눈 내리는 하늘을 쳐다보았다.

저 만큼 라인 기를 펄럭거리며 대대장이 jeep 차를 몰고 돌진해 오고 있었다. 1966년 12월 겨울은 이렇게 저물었고 그날 나는 천우신조로 돌아왔다. 그 후 25년 동안 전역을 앞두고 마지막 비행을 마칠 때까지 Ace가 되고자 했던 오랜 꿈의 기회는 오지 않았다.

2001년 겨울

빨간 머플러 유감

1966년 월간 신동아 7월호에 일선 전투기 조종사가 쓴 한편의 수필이
게재되어 화제를 모았다.

그 수필 제목이 〈빨간 마후라〉였다. 다음은 그 수필 내용이다.신동아 1966. 7

『영화 〈빨간 머플러〉가 상영되면서 국내 뿐 아니라 아시아 여러 나라에
우리 공군이 퍽 선전이 되었다고 생각된다. 한 조종사의 생애를 그린
그 영화가 나오기 전만 해도 우리 나라에 젯트 전투기가 있는지 조차
대다수 국민들이 몰랐다.

그러던 것이 골목 대장, 개구쟁이들도 빨간 머플러라 하면 하늘의

사나이쯤은 알게 되었으니 말이다. 하늘색 푸른 공군 근무복을 입고 빨간 머플러를 두르고 하늘을 날며 지내 온지 벌써 6년이 도는 듯하다.

빨간 머플러를 목에 두르기까지의 시련 따위 즘은 잊을 수 있지만 전투기 조종사가 되어 전투 조종사들의 요람인 OO기지에 배속되었을 때 그날의 환영 파티에서 선배 조종사가 목에 빨간 머플러를 휘감아 주던 때의 감동적 감회는 평생 잊을 수가 없다.

빨간 더플러는 누가 언제부터 목에 두르게 되었는지 나는 모른다. 그런 것은 그렇게 중요한 것이 아니다. 중요한 것은 그것이 무엇을 의미하는 것인가이다. 빨간 머플러를 하라는 지시도 하지 말라는 지시도 받은 기억이 없다. 그러나 모든 조종사들이 빨간 머플러를 목에 두른다. 이제는 한국 공군의 불문율이 되어 버렸다.

빨간 머플러는 국가에 대한 충성과 정의를 위하여, 그리고 부끄러움 없이 하늘에 살아 하늘에 목숨을 다 할 사나이의 묵시적 언약이다. 불행히 적지에서 비상 탈출을 했을 때도 생환 구조에 뚜렷한 색감을 주기도 하지만 우리들만의 이 붉은 휘장은 언제나 강한 의지와 불굴의 용기를 일으켜 준다.

조국 하늘이 좁은 탓도 있겠지만 우리 얼마 안 되는 전투기 조종사 간에는 아구개 조종사 하면 〈아 그 사나이〉하고 출신 도와 개성까지도 소상히 알고 있다. 가끔 주말에 연인을 만나려 서울 시내로 나서려 치면 명동거리의 많은 인파 속에서 목에 빨간 머플러를 휘감은 젊디 젊

창공의 서사시 | 43

은 공군 장교가 눈에 띌 때가 있다.

그럴 때면 내 자신도 걸음을 멈추고 눈길이 오래 그 쪽으로 쏠린다.

그가 가까이 있을 때는 내가 모르는 전투기 조종사가 없는데 누굴까? 하고 먼저 통성명을 하며 어느 비행대대에 계신가요? 하고 반갑게 인사를 하노라면 "아이구 선배님 몰라 뵈었습니다. 실은 지금 00기지에서 비행 훈련 중에 있습니다." 이쯤 되면 나도 절로 웃음이 나오면서 다정하게 어깨를 두들겨 주게 된다. 실은 조종사들만이 두르는 이 붉은 휘장을 교육 중인 병아리 조종학생이 미리 외박이나 휴가를 얻게 되면 날쎄게 선배 조종사나 교관 조종사에게 애걸해서 조종사 흉장을 가슴에 달고 빨간 머플러를 목에 두르고 ─나도 빨간 머플러의 사나이야─ 하고 거보 당당히 나서는 것이다. 이럴 때 이 후배의 기분쯤은 십분 이해하고도 남음이 있다.

우리도 똑같이 그랬으니까.

얼마 전에 미 공군이 주둔하고 있는 오키나와 기지로 각자가 전투기를 몰고 해외로 나가는 장거리 항법을 한 적이 있었다. 시내로 나가 영화 한편을 봤는데 일본 전투 조종사의 애국심을 그린 영화였다. 영화 제목은 백건白巾 특공대 인가로 기억된다. 그네들은 흰 머플러를 둥글게 말아 목에 감고 비행하는 것이 우리와 달랐다. 신풍특공대 神風特功隊가 되어 태평양 전선에 출격을 하고 있었다.

나는 빨간 머플러와 흰 머플러를 비교해 보고 일본 조종사들과 비교해 보았다. 하늘에 목숨을 걸은 남아의 기개야 어느 나라 조종사든

별반 다를 바 없겠지만 흰 머플러 보다 내가 매고 있는 붉은 머플러가 훨씬 마음에 들었다. 비겁하지 않고 조국의 하늘을 지키다 불같이 솟았다가 순간에서 순간으로 끝날 지라도 살아 있는 불길, 그것은 붉고 뜨거운 것이다.

어떤 단체나 그 조직이 강하면 강할수록 그네들은 특이한 휘장이나 상징성을 가지려 하는 것이다.

요즈음 베트남에서 이름을 떨치고 있는 미국 즉군소속인 특수 전단 대원들은 모두 그린 베레모를 쓰고 있다.

미국 정부의 특별한 관심으로 조직된 이 게릴라부대의 단원들, 하노이 포로 수용소^{하노이 힐튼 호텔}에 수용된 조종사들을 구출하기 위하여 투입되었던 특수 요원들에게 특이한 휘장을 주려는 안이 모색 되었고 우여곡절 끝에 그린 베레모가 채택되었다.

사고가 다소 보수적인 경향이 있는 미 합참의 육군 장성들이 이 건방진 모양의 모자가 비위에 거슬리어 착용을 금지 했다.

그러나 이 특수 부대의 가치를 인정한 고 존 F. 케네디 대통령은 대원들의 사기와 임무를 위하여 다음과 같은 말로 그린베레도를 합법적인 군모로 되살려 놓았다.

〈대원들은 자랑스러운 마음으로 베레모를 쓰게 하라. 앞으로 다가올 다양한 시대에 특출함과 용기의 휘장이 될 것이다.〉

얼마나 단원들에게 사기가 컸겠으며 얼마나 강한 사명감으로 그들이 맡은 바 임무를 수행했겠는가? 그 후 케네디 대통령의 장례식에서 대원의 한 상사가 알링턴 국립묘지에 있는 그의 무덤에 그린 베레모를 바쳤다.

지금 우리나라 국군의 특수부대 요원들이 그들만의 베레모를 쓰고 있다. 우리나라에도 〈빨간 머플러〉를 시샘하는 장병도 있고 젊잖은 처지에 무슨 빨간 머플러냐고 비꼬는 사람도 있다. 그러나 빨간 머플러야말로 옛날이나 지금 그리고 먼 훗날 까지도 그들의 특출함과 용기의 휘장인 것이다. 많은 사람들이 하늘에 젊음을 다 바쳐 왔고 잇대어 올 후배들도 기꺼이 정열을 하늘에 바칠 것이다.

〈빨간 머플러〉 그것은 살아 있는 전투 조종사들의 영원한 휘장인 것이다. 출근 할 때마다 비행을 할 때마다 언제나 빨간 머플러에서 오는 흐뭇한 긍지와 자부를 느낀다. 진정 나는 푸른 제복에 빨간 머플러를 두르는 대원이 된 것에 진정 만족하고 있다.』

공군 제10 전투비행단 대위 박 종권

이상의 글은 지금부터 45년 전 필자가 월간동아에 기고한 수필이다. 빨간 마후라에 대한 이야기다. 지금은 조종복에만 뻘간 마후라를 매도록 제한하고 평상복^{근무복}에 파란색 마후라를 똑같이 매다 보니 그들만의 특출했던 휘장이 시민들의 시선에서 사라진 셈이다. 특출함의 휘장이란 그들만의 특출함을 인식케 하는 상장의 뜻을 의미하는 것이다. 내용이 이러하듯 지금도 미 육군의 특전단 대원들은 물론 영국의 공정 대원들은 그린 베레모를 당당한 군모로 휘장한다. 한국군의 특전단 대원들도 검은 베레모를 항시 쓰고 있다.

그들만의 특별한 휘장이다. 우리 전투기 조종사들도 평상복에 그들만의 특별했던 휘장을 되찾았으면 하는 것이다. 반세기가 지나가는 이 시점에 빨간 마후라에 대한 깊은 향수와 함께 국방 속에 전투 조종사들의 휘장이 보이지 않는 것이 유감이다. 언제부터인가 모든 장병이 일체감을 갖게 하여야 한다는 이유가 근무복에 종전의 빨간 스카프 대신 푸른 하늘색 스커프를 두르게 된 연유라 한다면 지극히 단순한 착상이 아닌가 싶다.

본래 빨간 마후라는 조종복에는 물론이고 일반 약복^{외출복/근무복}에도 빨간 마후라를 착용했었던 것이다. 전투 조종사는 그들만의 휘장인 빨간 마후라로 공군의 가장 높은 힘의 표상이되어 왔다. 각군의 특수한 집단이 그러하듯이 옛 전통을 이어 그 휘장을 되 살려 놓았으면 하는 바램이 있다.

오랫동안 받아왔고 앞으로도 온 국민으로부터 사랑과 아낌을 받아야 하는 빨간 머플러이기 때문이다. 그들의 전통적인 휘장이 복원되어 국민들 앞에 당당히 나서는 그런 날이 오기를 기대해 본다.

2011.10.01.
공군의 날에

동작동에 묻힌 얼굴들

전투 조종사로서 하늘을 날으며 살아온 지 어언 20년, 현충일을 맞이 할 때마다 나는 많은 전투 조종사들이 잠들고 있는 동작동 국립묘지의 한 모퉁이에 서서 새삼 내 자신이 운 좋게 건재한 모습으로 이 자리까지 와 있구나 하는 감회를 느끼게 된다.

10여 년 전만 해도 애기와 더불어 하늘에 산화해 간 전투 조종사들, 그들의 묘비를 찾는데 별로 어려움이 없었다. 그 때는 다행히 같은 구역에 모여 있어 생전의 그 발랄한 모습을 그려보노라면 마치 살아서

대화를 나누는 듯 했다.

　지금은 누구인지 조차 알 수 없고 여기저기 흩어져 있어 다 찾아 볼 수도 없게 됐다.

　잊을 수 없는 사람들, 난생 처음으로 하늘을 나는 기쁨을 가르쳐 주던 비행 교관의 모습, 서로 서로의 꼬리 잡기를 하며 치열한 전투를 벌였던 선후배 경쟁자, 공중 사격대회에서 야심 찬 다툼을 하던 동기생의 얼굴들, 날개의 높고 낮음을 지적하며 전기 편대를 이끌어 나가던 엄하면서도 다정다감했던 선배 조종사, 선배님이 가는 곳이면 어디든지 따라가겠다 했던 의리 넘치는 후배 조종사들, 이들의 모습들을 떠올리면서 그들의 묘비 앞에서 몇 송이 꽃을 헌화하고 추모하는 것이 연례 행사가 되어 왔다.

　매년 이날 이곳에 오면 그 동안 만나지 못했던 많은 하늘의 동지 선후배들을 만나게 된다. 이제는 기억도 없는 후배 조종사들이 이 구역 저 구역 흩어져 잠들어 있음을 발견하게 되며 그럴 때마다 내 혈육의 일처럼 가슴이 뭉클거린다.

　〈동해 상공에서 작전 중 순직하다.〉〈사천 상공에서 산화하다〉〈서해 상공에서 …〉〈 영월 상공에서 …〉이런 비문을 읽을 때 마다 내게는 무척이나 가까웠던 푸른 하늘이 순간 멀고도 먼 잿빛 하늘로 다가 왔다.

　그 동안 수백 명의 조종사가 사라져 갔으니 아무 말도 없는 하늘의 비정함을 깨달은 듯 하고 인생이 무상하다 함을 느낀다.

　나는 1960년에 초등 훈련기 L-19를 거쳐 중등 훈련기인 T-6를 탔다. 사관학교 졸업을 1년 앞둔 때부터 비행 훈련이 시작 됐으니 23살의 약관 시절이다. 그 후 T-33 제트기 조종훈련을 마치고 그 당시 주력 전투기인 F-86F 세이버 제트 전투기 조종사가 됐다. 그 후 F-5A, F-4D/E, 기종 전환을 했다. 그 후 이곳 저곳 비행단 지휘관으로 부대를 지휘하면서 최첨단 전투기 F-16D 전투기는 물론 수송기, 헬기까지도 조종하는 많은 기회가 있었다. 초급 장교였던 중소위 시절부터 군복을 벗을 때까지 끊임없이 하늘을 날았다. 하늘이 두렵다는 생각을 가진 적이 한번도 없었다.

선배를 따르며, 후배를 이끌며 두려움 없이 구름 속을, 눈 비 속을, 낮과 밤을 가리지 않고 함께 날기를 같이 했다. 하늘은 우리의 삶 터였고 매력이었으며 영원한 망향이었다. 서로가 가장 높이 날기를 가장 빠르게 날기를 다투며 그들과 하늘에서 열정을 다했다. 30여 년 간의 전투기 조종사로 하늘을 날며 살아 오는 동안 이처럼 많은 선후배가 그리고 동기생이 사라져 갔다. 이들이 이 묘역에 모두 묻혀 있다. 이 순간 살아 있음에 감사하고 비정하고 무심한 곳이 하늘이구나 느끼면서도 이 길을 후회 없이 걸어 온 30여 년 긴 세월이 어제만 같다.

하늘에서의 꿈을 못 다 펼친 날개들, 나는 그들을 '불새'라 이름했다. 영원히 죽지 않는 전설의 새가 된 그 들, 신화의 새가 된 신념의 조인들, 전투기 조종사가 되어 조국의 하늘을 지키다가 순직한 이들을 이 언덕의 해와 달과 별들이 그들을 지키리라.

1987. 6.

현충일 동작동 국립묘지에서

나는 하늘에 살아 있다.

사라진 鳥人을 위한 獻詩 I

하늘에 살다 승화해 간
외로운 넋은 말한다.
"26세 짙은 젊음을 조국의 하늘에다 살라 먹었노라"

뜨거운 사랑도 하늘을 바꾸지 못했고
대지의 권세와 명예도
하늘의 꿈과 맞설 수 없었다.

날로 높아가는 하늘 아래서
아, 내 조국의 저 하늘 아러서 자라 온
한 떨기 꽃잎은 졌어도
넋은 영원히 하늘에 살아 있다.

그리고
내 후예들, 그 꿈은 더 높이
하늘로,
하늘로
잇대어 올 것이니
그 기쁨 느끼며 나 숨 지노라.

살아 비겁하지 않았고

살아 헤매질 않았다.
그리고 나 살아 우질 않았다.
가슴에
늘 높고 푸른 끝없는 하늘이
항상 내 곁에 있기 때문이었다.

서해의 거센 해풍에
끝내 못다한 이 맘
그녀에게 전하고 싶다
깊은 가슴 속 사랑의 뜻을…
이제 열풍은 가고
잿빛 먼 망향에서
지나간 일들을 기억하며
나 편히 쉬노라.
그리고
남은 젊은 날들을
구름에 흘러 보내노라.

1964. 10. 24.

긴급출동 명령

Hot - Scramble !

심장의 고동이 멈추는 것 같았다. 무슨 짓을 하던 5분 이내 어둠이 깔려 오는 활주로를 이륙해야 했다. 비상 출동 대기 편대의 제한된 책임 이륙시간이 5분이다. 긴급 출동 명령의 요란한 삘이 울린 것이다.

5분 비상대기 출동 편조의 요기로서 처음으로 비상대기실로 나온 남 중위는 사관학교 1년 선배인 편대장 허 대위로부터 비상 출동 시 비행절차와 통신 두절 시 약속동작 등 비행 브리핑을 받았다. 오늘 밤을 여기 비상대기실에서 전투기와 함께 보낼 것이다. 내심으로 설마 했던

창공의 서사시 | 53

긴급 출격명령의 벨이 고막을 찢듯이 울린 것이다.

'Hot scramble'

사전 예고 없는 항시 대기 전력의 출격 명령을 Hot-scramble이라 불렀다. 정비사의 고함치는 소리, 전투기 시동을 걸기 위해 외부 전원을 입력하는 지상 전원 공급기 GPU$^{ground\ power\ unit}$의 요란한 엔진 가동 소리가 긴박감을 더 했다. 남 중위는 단숨에 달려 나와 전투기에 오른 탓으로 숨이 찼다. 서둘러 좁은 좌석에 올려 놓은 낙하산의 양쪽 멜빵을 좌우 하나씩 끼운 후 벗겨나지 않도록 고리를 채웠다. 그리고 좌석 벨트의 양쪽 연결 고리 사이에 비상 탈출시 의식을 잃었을 경우에도 낙하산이 자동으로 펴지도록 하는 연결 고리도 함께 끼워 넣어야 했다. 다소 비대해진 몸 때문에 연결 고리 등을 한데 묶어 연결하자니 손이 떨려와 제대로 암수가 맞지 않았다.

우선 전투기 시동부터 걸어야 했다. 편대장은 이미 시동을 걸고 활주로로 나간다. 양쪽 날개 끝에 붉은 빛 푸른 빛 교체로 점멸하는 항법 보조 등의 불빛이 남 중위를 더욱 초조케 했다. 비상출동 대기조의 고참 정비사가 그를 도와 시동을 제때 걸어 주었다.

편대장은 이미 관제탑과 교신을 하며 출격명령을 복명 복창하고 활주를 시작한다. 그도 겨우 출격명령을 듣고 무릎 위에 묶어 놓은 임무 기록판$^{Knee-Board}$에 적었다. 이 초도 출격 명령의 내용을 놓치는 날이면 공중에서 미아가 될 판국이다.

다행히 관제탑으로부터 받는 출격명령을 편대장이 복명하고 있었다.

"Suwon-Tower, This is Roper-Alpha, Scramble-Order, Vector 270, Climb 10, Contact Base-Hit Channel 12, Acknowledged Over."

미국 아리조나 주에 있는 Luke 공군기지에서 F-86F 세이브 제트 전투기 조종 훈련을 받고 귀국한 편대장 허대위는 자기보다 모든 면에서 베테랑 급 조종사다. 그의 유창한 영어의 복명 복창의 명령 내용만은 놓치면 끝장이다 싶어 대충 숫자만 급히 적었다.

편대장은 남 중위가 전투기를 활주로 정대하기까지 기다려 주지 않았다. 이미 편대장의 전투기 후미에 붉은 불길을 내뿜으며 먼저 이륙을 시작한다. 저 불길을 놓치면 안 된다. 하늘은 어두워가고 있었다. 주간 편대비행은 자신이 있지만 야간비행은 자신이 없었다.

드디어 남 중위도 그 뒤를 따라 하늘로 치솟았다.

이륙 직전에 어두워 가는 좌석 내의 등을 밝혀야 하지만 조절할 여유도 없었고 계기판의 수치를 확인할 겨를도 없었다. 연료 출력기^{Throttle}를 최대로 열면서 편대장의 뒤를 무조건 따라 하늘로 솟구쳤다. 그리고 드디어 한 무리가 됐다.

그들이 떠난 활주로에 어둠이 깔려 왔고 넓은 비행장은 어둠의 장막으로 덮였다. 남 중위는 살아서 돌아와 안전하게 착륙을 할 수 있어야 할텐데 하는 걱정이 벌써 앞섰다. 전투비행대로 배속되어 야간 출동에 대비하여 박모 비행^{황혼 비행}을 한 경험이 있을 뿐 실제 야간 비행은 이번이 처음이기 때문에 불안이 점차 깊어갔다.

창공의 서사시 | 55

한국 공군 최강의 독수리들 소굴로 소문난 곳이 제102전투비행대대에 첫 배속을 받았다. 신임 배속 조종사로서는 최고의 영광이었다. 하지만 정예요원의 일원이 되기까지 공중에서 비행술의 기량은 물론이고 지상에서 행동 하나 하나도 관찰되었다. 비행대대에 배속되어 작전가능 조종사가 되기까지 3개월 간의 작전가능 특수 비행훈련을 마치고 명실상부한 전투기 조종사로서 처음 비상대기 임무를 부여 받아 비상대기실로 나온 것이다. 그리고 지금 scramble-order를 혼자서 외우며 편대장을 따라 밤 하늘을 날고 있는 것이다.

그는 고교 시절 널리 알려진 럭비 선수였다. 그가 6년 후 전투기 조종사가 되어 지금 출격을 하고 있다 생각하면 참으로 감개가 무량하다 할 일이다.

해마다 국군의 날에는 그 당시 진해에 있던 3군 사관학교 생도들 전원은 서울로 올라와 여의도 광장에서 합숙하며 행사를 준비했다. 행사 다음 날부터 3일간 3군 사관학교 대항 체육대회를 가졌는데 공사가 언제나 꼴찌였다. 운동경기이지만 군인으로서는 싸움터다. 지고 나면 사관생도들의 사기가 말이 아니었다. 그래서 뒤늦게 공사도 운동특기생을 스카우트했다. 남 중위가 대표적인 케이스다.

드디어 1958년 처음으로 공군사관학교가 럭비 우승을 하고 다음 해에도 종합 우승을 했다. 종합 우승을 하게 된 그의 견인차 역할로 그 후 많은 선배들로부터 아낌과 특별한 지도를 받았다. 운동선수였던 그가 내무 규율이 엄한 4년의 생도 생활은 참으로 힘들었다.

더욱이 전투 조종사가 되는 과정은 더욱 힘들기 했다.

영어로 기술된 전투기의 비행 지침서 해독을 비롯하여 제트 엔진의
복잡한 구조와 원리의 이해, 국제 항공법규 까지도 완전히 암기하고
이해해야 하는 비행교육 과정은 운동선수였던 그에게 체질적으로도
맞지 않았지만 이겨냈다. 그는 천성적으로 늘 낙천적이었고 웃음을 잃
지 않으며 운동 선수답지 않게 문학 소년처럼 늘 책 읽기를 좋아했고
콧노래를 흥얼거리며 음악 감상하기를 좋아했다.

끝내 전투 조종사가 되겠다는 집념과 선배 조종사들의 격려로
F-86F 전투기 조종사가 되어 최고의 전투비행대대 일원으로 배속되었
지만 남다르게 고초가 많았다. 비행교관들은 낭만적이고 낙천적인 그
를 그대로 두지 않았다. 비행 자체는 멋있고 그의 오랜 꿈이지만 죽음
의 현실은 언제나 가까이 있었다. 때때로 침대 몽둥이로 맞기도 하고
외출금지를 당하기도 했으며 동기들은 자기 때문에 단체 기압도 많이
받았다.

"너의 목숨을 위해서 주는 기압이니 달게 받아라" 훈육관이나 비
행 교관이 내리는 어떤 고초도 그는 달게 받으며 이겨냈다.

하늘의 조인이 되는 것만이 인성의 전부라 생각하며 조종사가 되기
만 한다면 어떤 사역도 마다하지 않고 솔선수범했다. 남보다 센스가 있
어서 비행감각이 빨랐다. 드디어 전투기 조종사가 되어 최고의 전투비
행단으로 첫 배속을 받았다. 조종사가 되는 꿈이 이루어진 것이다.

창공의 서사시 | 57

전투비행대로 배속되자 그는 많은 선배로부터 사랑을 받았다.

만능 운동선수요, 낙천적인 성격에 대대 회식 때는 술도 노래도 잘했다. 그러나 비행만은 철저히 자율성과 전문성이 필요했고 절제가 따라야 했다. 자족성을 갖기까지는 시간과 경험이 필요했고 전형적인 전투기 조종사의 기질이 무엇인가도 엄격히 배워야 했다. 공중에서 적기를 떨어뜨리는 과정까지 하늘의 무사로서 당당한 전투기량을 연마해 나가야 했다. 매일 매일의 비행에서 그의 능력과 기량은 놀랍게 향상되어 갔다.

최근 들어 주간에는 자주 미식별 항적이 동해 서해로 나타났고 38선 북쪽에서는 위협성 항적이 이남을 향해 자주 내려 오고 있어서 기지 별로 자주 비상대기 전력의 긴급 출동이 있었다. 때때로 후속 편대가 떴고 그들이 돌아가면 우리도 돌아오곤 했다.

오늘의 상환은 더 긴박한 사태가 발생한 것이다. 북쪽에서 MIG 전투기가 계속 남하하고 있으니 즉각 대응 조치를 준비하라는 긴박한 상황정보가 무전으로 전달 되었다. 남 중위는 요기로서 무엇을 어떻게 해야 할지 엄두가 나지 않았다. 이윽고 출동 편대는 서울 상공을 지나 서해로 향하니 서해 저 너머로 해가 빠져 들고 있었다. 낙조가 서편 하늘을 붉게 물들고 대지는 이미 어둠과 저녁 안개로 모습을 잃어가고 있었다. 실제 야간비행이 그에게는 처음이라 그에게 새로운 우주 공간에 번져 가는 석양이 아름답다 느낀 것은 순간이다. 어둠이 깔려오면서 두려움이 찾아 들었다.

전투기는 이상이 없었다.

그러나 편대장과 관제소 간의 긴장된 교신 내용이 그를 다시 긴장의 도가니로 몰아 넣었다. 교신내용은 현재 우리 해군 함정이 서해에서 북으로 도망중인 간첩선을 추격중이며 이 상황에서 북괴 전투기가 남하중이라는 것이다. 출동 편대는 적기를 대적 견제하기 위해 인천 상공에서 초계비행을 하는 동시에 간첩선이 해군 함정의 추격과 포위

망을 뚫고 북방한계선[NLL]을 넘게 된다면 이 때 간첩선을 격침하라는 교전명령이었다.

초계비행 고도 10,000피트에서 강하하여 3,000까지 고도를 낮추니 어두워가는 바다 위에 물체의 윤곽이 드러났다.

"Alpha #2[2번기] 11시 방향 쫓고 쫓기는 배가 보이는가?"

편대장이 지시하는 방향을 내려다 보니 자선 모양의 쾌속정 하나가 큰 원을 그리면서 물 이랑을 일으키며 도망가고 있다. 그 뒤를 경비정이 쫓고 있었다.

남파한 무장 간첩선이 우리 해군과 해경의 추격을 포위망에서 빠져 나가려는 긴박한 상황이었고 이에 북한 전투기가 현장으로 접근하고 있는 실전 상황이었다. 바다와 하늘은 점점 어두워 갔고 항공 관제소의 지시에 따라 초계비행이 계속 되었다. 고도 10,000피트를 유지하며 편대장 뒤를 전투 대형으로 따랐다.

창공의 서사시 | 59

남 중위는 해상 추격전을 지켜봤고 행여 기회가 오면 일격에 격침시키리라 각오를 하면서 내장된 기관포의 무장 스위치 선택을 다시 점검하고 오른 손에 웅켜 잡고 있는 조종관의 중앙에 있는 방아쇠Trigger를 1단계 까지만 살짝 당겨 보았다. 발사 직전 땡김의 느낌이 왔다. 2단계 땡김에서 20mm 6문의 기관포가 불을 뿜을 것이다. 이런 현장 상황에서는 실제로 시험 발사를 해야 하는 것이지만 그러지를 못했다.

현장 상공에서 초계비행 임무가 계속되었다. 30여분 고도에서 비행을 하다 보니 남은 연료가 이제 기지로 돌아 가야 할 연료이다. 요기들의 연료는 언제나 편대장보다 연료 소모가 많았다. 일전을 각오했던 중요한 임무가 요기의 연료때문에 후속 편대에게 임무를 인계하고 돌아서려 하니 편대장은 여간 서운치가 않은 기분이었다. 오랫동안 기다리던 하늘의 영웅이 되는 기회를 놓치는 것이 아닌가 싶어서다. 모든 전투 조종사들의 한결같은 심경은 그러했다. 그래도 이날 남 중위는 대단한 출격 경험을 한 것이다. 비록 전투는 없었지만 전장의 현장에 있었다. 출격의 현장에서 기지로 돌아가는 하늘의 사나이가 느끼는 영웅적 기분 같은 묘한 긍지를 느꼈다. 그러나 흐뭇한 기분은 순간 뿐 온통 어둠 속에 갇혀 있는 기분이다.

이제는 완전히 어두워진 수원 비행장을 찾아가야 하고 편대장의 뒤를 따라 안전하게 착륙을 해야 한다. 야간 비행의 착륙은 활주로의 적절한 높이에서 비행착륙 자세를 변화시켜 접선이 되게 하는 것이어서 그 연착륙이 쉽지 않았다. 활주로 지면이 보이지 않고 양쪽 활주로 등의 높이를 보며 땡김을 하야 하기 때문에 경험이 부족한 신참 조종사들은 애를 먹었다.

주간에도 소위 hard-landing이라 하여 거친 착륙이 반복되면 호된 주의나 경고를 받는다. 더욱이 야간 착륙시 고도 판정이 어려워 일찍 땡김을 하는 날이면 영락없이 높은 낙착이 되어 그 충격으로 전투기는 날개상태와 볼트의 조임을 점검 받아야 했다.

비행단은 후속으로 출격편대가 있게 되자 퇴근했던 단장을 비롯한 지휘관 참모들도 모두 나왔다. 단장이 직접 활주로 옆에 위치해 있는 mobile-tower에까지 나와 야간 첫 출격편대의 귀환과 신참 남 중위의 착륙을 불안한 마음으로 주시하고 있었다. 누구보다 긴장한 사람은 비행대대장이다. 만약 남 중위가 야간 출격에서 경미한 사고라도 있게 된다면 지휘책임이 대대장에게 있다. 그 동안 남 중위의 비상대기 조종사로서의 비행 횟수를 체크해 보니 두 차례 해야 할 야간 비행 중 박모비행만을 한 차례 했을 뿐이다.

남 중위는 편대장의 날개에 붙어 편대 비행을 해 오면서 기분이 다소 흐뭇해졌다. 사관학교 체육대회에서 열광적으로 환호를 받으며 50야드 이상의 독주로 Try하던 순간을 떠올렸다. 그 한 순간이 종합 우승의 영예를 가져왔다. 그런 기분으로 전투기를 몰고 기지로 돌아오고 있는 것이다.

이윽고 편대장이 착륙 장주로 진입했고 2번기도 뒤를 이었다.

야간 비행 중 가장 어려운 순간이 착륙하는 순간이다.

그런데 베테랑이라고 하는 편대장인 허 대위가 그만 하드 랜딩 hard-landing을 하고 말았다. 비행단장의 특유한 목소리가 고막을 찢는 듯 들려 왔다. "착륙이 그게 뭐냐, 그 정도 밖에 못해?" 그 옆에 서 있던 비행 대대장은 몸 둘 바를 몰랐다. 편대장이 저 모양인데 남 중위의 착륙이 불 보듯 해 더 걱정이다.

남 중위는 혼신의 힘을 모아 정확하게 활주로에 전투기를 정대시켰다. 착륙 속도와 고도를 판단하면서 비행기 자세만 잘 바꾸어 주면 되는 것이다. 활주로 가까이 설치된 이동 관제탑mobile-tower에 모두 나와 착륙을 주시하고 있음을 직감했다. 단장이 아닌 대대장의 목소리가 마이크를 통해 침착한 톤이면서 강아지 목을 쓰다듬 듯 다정하게 들려 왔다.

"남 중위, 나 대대장인데 잘 들리지? 내가 시키는 대로만 해, 알았지? 지금 비행자세가 좋아 그대로 있어! 더 당기지 말라구. 파워를 조금만 더 줄여라. 됐어. 그대로 받치고만 있어라. 좋아 잘 했어 power를 줄여라 Throttle-Idle, Very good, Good-Landing! 브레이크 잘 잡고 끝까지 방향유지를 잘 해!" 비행대대장이 마이크를 통제관에게 건네주자 단장이 말했다.

"요기가 편대장보다 낫구만! 누구야? 남 중위라고? 수고들 했어."

그날 이후 남 중위는 긴급 출동 조종사명단에 이름이 올랐고 전투기 조종사 반열에서 지휘관 참모들의 아낌을 더욱 닿이 받았다.

필자가 1년 후 제102전투비행대대에 배속되어 갔을 때 그는 요기급 조종사가 아닌 분대장으로 승급되어 나를 누구보다 반갑게 맞아 주었다. 전투기 조종사들이 가는 길을, 그가 갔던 길을 나도 똑같이 걸어갔다. 나도 한 마리 독수리가 되는 호된 전입 신고식과 작전 가능 훈련을 마쳤다. 그리고 드디어 내가 비상 대기 임무에 그의 요기가 되어 한 편조가 된 것이다.

영공의 불침번이요, 하늘의 파수꾼이 되었으니 참으로 감개가 무량했다. 그는 이날 분대장으로서 요기가 된 나에게 자기가 겪은 첫 비상 출동 출격담을 이렇게 들려 준 것이다.

남 중위는 지금은 고인이 되었다. 장래가 크게 기대를 모았던 공사 8기생으로 생도 시절에는 럭비선수로 전투기 조종사로 명성을 날렸던 고 남영찬 중령이다. 1970년 6월 8일 강릉 상공에서 교관으로 조종학생을 가르치다가 비행사고로 애석하게 순직했다. 그 순간 나도 비행 중에 있었다.

비행사고의 비보는 한 순간에 전해진다. 전투기들은 날개를 잠시 접었다. 우리를 더욱 슬프기 한 것은 그에게 대를 이어 전투 조종사로 키우려 했다는 일곱 살짜리 아들과 5살, 2살 짜리 두 딸이 있었다는 것이다.

한 순간에 조종사 남편을 잃은 아내는 세 아이틀 혼자서 키워야 했

장공의 서사시 | 63

다. 우리는 그들을 〈은 나래〉 가족이라 부르고 있다. 은 나래 라는 이름은 은빛 날개를 잃은 조종사의 아내들의 모임이라는 뜻이다. 그때 일곱 살짜리 꼬마는 홀어머니 아래 주야 독경하여 대학 교수가 됐다. 지금 인하대학원 부원장이고 국제 정치학을 가르치는 남창희 교수가 그 실존 인물이다.

매년 현충일이 오면 전투기 조종사들은 빠짐없이 국립묘지에 모여드는데 남영찬 조종사가 묻혀 있는 동작동 국립 묘지에서 그의 가족을 만나게 된다. 그들을 보면 모진 세월을 용케도 잘 이겨 내었구나 싶고 조종사 가족이었던 은 나래 부인들, 그 아이들은 어떻게 지내는지 생각하면 가슴이 아파 온다. 나와는 1년 차 선후배지간으로 사관학교 시절 같은 내무반원이었고 나 또한 전투 조종사가 되어 그와 생사고락을 함께 했다.그 후 40년이 지났다.

유명을 달리한 한 조종사를 기억하고 그와 함께 나누었던 비상대기실의 출격담은 전투 조종사들의 애환이기도 하고 우리 모두의 이야기이기도 하다. 그때 그와 함께 한 대원들은 모두 공군을 떠났지만 새로운 젊은 조종사들이 그 자리를 메우고 있을 것이다.

지금 한국 공군은 선진국 수준의 공군으로 성장했고 우리가 몸담았던 102전투비행대대는 독수리라 명명된 F-15K 최신예 전투기로 영공방위의 전위가 되어 하늘을 날고 있다.

'hot-scramble!'이 순간에도 전투기 조종사들이 하늘을 지키기 위하여 비상대기실에서 출격명령을 기다리고 있다.

2010. 6. 현충일을 맞아

나는 하늘에 살아있다.

사라진 鳥人을 위한 獻詩 Ⅱ

그 순간
우리는 저마다 임무를 띄고
하늘을 날으고 있었습니다.
그리고 누군가가 절박한 생사의 갈림길에서
애기를 다루고 있음을 알았습니다.

무사하기를, 무사하기를…
날으는 가슴마다
조종간을 움켜진 주먹마다
피 맺힌 간절한 소원이었는데…
끝내 우리 곁을 떠났습니다.

외로웠던 당신은 참으로 굳세게 살아 왔습니다.
지난 날의 당신은 참으로 우리 모두에게
슬기로웠습니다.
그 날 그 불기둥을 맴돌며
나는 통곡했습니다.

창공의 서사시 | 65

그날의 오후

6월의 뜨거운 태양 아래서

우리 모두는 초점을 잃은 동공이었습니다.

기지마다 슬픔이 전해지고

검은 조기를 가슴 가슴에 달았습니다.

당신이 남긴 지난 날을 이야기했습니다.

그리고 조용히 명복을 빌었습니다.

해바라기처럼

언제나 하늘을 쫓을 우리는

오래 당신을 기억할 것입니다.

1970. 07.

7월의 태양아래서

한강 에어 쇼의 회상

국군의 날 동에서 서쪽 바다로 유유히 흐르는 한강을 굽어보며 수백 대의 전투기가 선도기를 앞세워 저공으로 축하비행을 한다. 백만이 넘는 서울 시민이 한강변으로 몰려나와 편대군의 일사불란한 밀집 비행과 전투기의 화력 시범을 보며 경탄의 박수를 보낸다.

이날 행사의 피날레는 에어쇼팀의 몫이다. 여의도와 한강을 중심으로 곡예비행 편대가 오색 무지개 색깔로 맑은 가을 하늘에 수를 놓았다.

'독립한지 사반세기도 안 된 짧은 기간에 이십 세기의 최고의 걸작품이라는 팬텀기를 보유하며 세계 수준의 공군으르 성장했다'는 언론

창공의 서사시 | 67

보도를 들으면서 온 국민이 이 경이적인 발전의 모습을 한강에서 지켜보았다. 그때 그 행사에 참여했던 우리 모두는 그 감격을 잊지 못한다.

예년과 달리 1969년 10월 1일 국군의 날이요, 공군의 날인 이날 경축 비행이 그러했다. 동서남북으로 산재되어 있는 10여 개 전투비행단 소속 전투기들을 비행단장이 직접 몰고 하늘에서 대 비행군群을 이룬다. 일정 시간 간격을 두고 T.O.T에 맞추어 전투기 기종별로 대통령을 비롯해서 정부 요인과 각국 사절단이 자리한 사열대를 눈높이로 지나간다.

항공력은 전쟁을 막아내는 억제력이요, 나라를 지탱하는 가장 큰 힘이다. 그래서 그 힘의 과시가 필요한 것이다. 전투 조종사들은 이날 이 행사를 그렇게 자랑스러워했다. 사열대 위치는 한강을 굽어 보는 만수대, 한강 대교를 지나 국립 현충원 못미쳐 있는 곳, 지금은 그 언저리에 수많은 아파트 단지가 들어섰다. 양쪽 강둑은 시민들의 휴식 공간으로 길게 자리를 잡았다. 그 위를 다시 한번 날고 싶다. 그래서 그 강하고 높은 힘을 과시해 주고 싶다.

한강은 우리 민족의 젖줄이다. 서울을 둘러싼 북한산, 남한산성, 관악산에 올라 내려다보면 그 풍요한 물줄기가 이를 말한다. 여의도는 한때 우리 공군의 요람이었다. 6.25 전쟁 때 첫 출격을 여의도 모래사장에서 했다. 수복 이후에는 국군의 날 행사를 여기서 했고 국군의 힘을 국민과 세계 만방에 과시했다. 지금 여의도 광장은 그 흔적조차 사라져 버린 지가 오래다. 국회의사당을 마주한 넓은 광장은 시민 공원이 조성되고 금융기관들이 빽빽이 들어서 있는 지금의 여의도는 정치 경제의 중심 요지가 됐다.

본래 10월 1일은 공군의 날이다. 육군 항공대로부터 독립을 기념한 날이 바로 이날이다. 10월 1일이 국군의 날로 지정된 후 국군의 날 행사의 규모가 격년제 또는 4년마다로 그 규모를 정하다 보니 독자적인 공군의 날에도 대규모 축하 편대비행과 에어 쇼 행사도 크게 제한을 받아 왔다.

나라마다 해마다 갖는 제일 큰 기념일 행사가 독립기념일이다. 국력이 쇠잔하면 나라를 잃고 국력이 부강하면 독립을 지키는 것이다. 국군의 날 행사의 목적은 여기에 있는 것이다. 에어 쇼를 하는 것은 쇼가 아니라 공군력의 대내외 과시이다. 공중 파괴력과 전투 조종사들의 전의를 과시하여 국가의 의지를 만방에 표명하는 것이다.

보유 전투기 편대군의 전통적 Fly-by 행사에 뒤를 이어 종전처럼 화력 시범은 없다 하더라도 정교한 곡예비행Air-show 팀만으로도 의미심장한 행사다. 에어쇼 팀이 해체되었다가 수년 전 최근에서야 복원됐다니 참으로 다행스러운 결단이다.

나도 한때 젊었던 중위시절 전투기 조종사로서는 최고의 선망이 되었던 에어쇼팀의 일원이 된 적이 있다. 해마다 공군의 날에는 한강 모래 사장위로 전 공군의 전력을 국민에게 과시하는 기종별 중중 분열과 가상 목표물을 격파하는 화력시범이 있은 후 곡예비행팀의 화려하고도 정교한 에어쇼가 펼쳐져 의미있는 행사의 대미를 장식했었다. 전 전투 조종사들이 이날 현장을 같이 했었다. 나는 어느 해는 요기로, 어느 해는 곡예비행팀의 단독비행 조종사로, 어느 해는 화력시범의 편대장으로, 어느 해는 최고의 공중 지휘관으로 참가하여 평생을 두고 잊을 수 없는 장엄한 추억을 간직하고 있다.

연 중 이 한번의 장엄한 행사는 결코 기념행사로 끝나는 행사가 아니라 일단 유사시의 가동력과 운용체제를 총체적으로 평가 하는 가장 큰 작전계획의 집행이고 준엄한 평가다.

성공적 작전을 위하여 동원되어야 하는 공군의 기획, 정보, 작전, 인사, 군수, 통신 등 모든 것이 동원되어야 한다. 특히 분 초를 다투는 하늘 공간에서 수백 대의 공간 분리와 작전 명령의 하달과 선행하는 지원체제의 항시 유지야 말로 전쟁의 승패를 좌우하듯 이날의 성공적 행사를 좌우하는 것이다.

국군의 날 행사가 있게 될 때마다 2~3개월 전에 조종사를 선발해서 집중적으로 훈련을 해서 곡예비행을 했는데 최근 선진국 공군처럼 상설 특수비행 팀을 운영하게 하여 우리가 만들어낸 고등훈련비행기 T-50으로 모습을 새롭게 한 것은 앞으로 우주 공군으로 발 돋움을 하는데 있어 참으로 의미 있는 결정이라 생각된다.

세계 각국공군은 고유한 특수 비행팀을 가지고 있다. 미 공군은 'Thunder Birds' 미 해군은 별도의 곡예 비행 팀 'Blue Angels'을 가지고 있다. 영국 공군은 '붉은 화살'Red arrows이다.

태평양 전쟁의 패전국인 일본의 항공자위대도 자국산 항공기 T-4를 운용하고 있는데 그 쇼 팀 이름이 'Blue impulse' 이다. 독수리는 언제나 발톱을 감추고 있다. 전투기로 구성된 각국 곡예 비행팀의 목적은 단순한 에어쇼에만 있지 않다.

유감스럽게 에어쇼를 하다가 사고가 나면 그 사고는 대부분 대형사고다. 전력 손실도 크다. 종전의 한강 에어쇼를 중지한 원인도 여기에 있다. 하지만, 발상의 전환을 할 때 우주 공군으로 도약할 수 있다. 새로운 도약은 끊임없는 도전에 있다. 도전 앞에는 언제나 예측가능한 위험이 산재해 있는 것이다. 이를 두려워 해서는 안된다.

미 공근의 일화 하나를 소개 한다. 미 공군도 오늘의 상설 곡예비행 팀 Thunder-birds가 있기 까지 많은 시련이 있었다. 주요 행사 중이런 저런 사고가 빈번했다. 이럴 때마다 의회 청문회에서 최신형 비싼전투기로 호기심을 돋구는 쇼를 해야 하며, 위험한 에어쇼를 언제까지계속해 나갈 것인가? 라고 질타하며 에어쇼 팀이 해체 될 뻔 한 위기가있었다. 하지만 공군 총장의 용기있는 답변이 오늘의 Thunder-bird 곡예팀을 있게 했다.

"발생한 사고는 유감스러웠지만 미 합중국 공군의 에어쇼는 계속될것입니다. 이유는 첫째 그들의 비행은 결코 쇼가 아니고, 그들의 비행은 인류의 꿈이며 세계에 더한 미중국의 일사불란한 힘의 과시인 동시에 내일의 우수한 조종사를 확보하기 위함입니다." 소신있는 이 일갈의 답변에 모두가 침묵했다.

또다른 일화가 있다.

1959년에서 콜로라도 주 팜스프링스에 새로 세계 최대 규모의 공군 사관학교가 세워졌고 그 해 제1기생을 배출했다. 육군에서 공군이 독립한 것이다. 공군 독립에 많은 예산이 들어갔다. 새로 자리를 잡은 공군 사관학교의 설립 예산과 운영비 추가 확보에 어려움이 컸다. 특히 새 교회의 특유한 설계가 말썽이 됐다. 그 교회의 지붕모양은 수십 개의 높은 철탑으로 디자인되었고 그 철탑의 소재가 알루미늄과 티타늄이 합성된 특수강으로 만들어졌기 때문이다.

그렇게 해야 할 이유가 무엇이냐가 의회에서의 청문회 질문 요지다.

공군 총장의 답변은 이러했다.

"미합중국을 지켜 나갈 전투 조종사들은 알루미늄 속에서 태어납니다. 그리고 미합중국을 위하여 알루미늄 속에서 죽어 갈 것입니다. 그들이 살아 있는 동안 그들의 혼백을 빌어 줄 교회를 지음에 있어 우리는 무엇을 더 아껴야 하겠습니까?"

하늘로 우주로 가는 길은 멀고 험준하다. 우리들 누군가가 그 멀고 험준한 길을 열어가야 한다. 참으로 경이로운 발전을 해왔다. 에어쇼는 단순한 쇼가 아니다.

평화를 지키기 위한 더 큰 공군 력의 발전과 대외적 과시가 필요하다는 인식이 필요 할 때다. 매년 다가 오는 국군의 날, 전투기 조종사들은 지난 날처럼 국민 앞으로 나와서 그 위용 당당한 모습을 자랑스럽게 보여 드리고 싶을 것이다. 모두가 열망하는 그 일사쿨란한 힘의 과시가 억제력이 되어 나라의 안보를 더욱 굳건히 해 줄 것이다. 우리는 그 모습을 보고 싶은 것이다.

2011. 10. 01 공군의 날을 회상하며

새벽 초계 비행

새벽 4시, 새해 첫 초계비행 임무를 맡은 전투조종사들이 집을 나서야 할 시간이다. 새해 동이 터져 오는 시간까지는 아직 멀었다. 문을 열고 나서니 겨울의 새벽 하늘 바람은 차다. 이륙 예정시간은 06시.

멀리 산 넘어 기울고 있는 초승달이 유난히 맑고 시리다.

팬텀기 조종사들이 모여 살고 있는 기지촌은 멀리 동쪽 소백산맥의 준령에서 내륙으로 뻗어 내려 온 팔공산 아래에 자리한 K–2 비행장의 울타리 안이다. 이 삭막한 울타리 안으로 새벽을 알려 오는 여명은 언제나 늦었다.

나는 여느 때와 다름없이 계급장과 명찰과 비행대대 휘장 등이 양쪽 가슴부위에 달린 길다란 통바지 조종복을 입는다. 20년이 넘도록 자랑스럽게 입어 온 조종복이다. 최근에 새로 지급된 6연발 호신용 리볼버 권총도 어깨 너머로 찼다. 그리고 빨간 마후라를 대충 목에 두르고 현관에 가지런히 놓인 발목이 긴 조종화의 지퍼를 끌어 올려 단숨에 신었다.

새해 아침 첫 새벽비행을 위해 집을 나서는 순간이다.

"갔다 올께"

아내가 건네주는 크다란 국방색 헬멧 주머니를 건네 받을 때 마다 나누는 대화이다. 나는 아내의 오늘도 무사하기를 바라며 가슴 조이는 듯한 눈망울 때문에 집을 나설 때는 의도적으로 아내와 눈을 한 번도 마주치지 않았다.

말없이 두 손 모아 아내가 건네는 커다란 녹색 주머니 속게는 짙은 국방 색으로 위장된 전투 조종사 개인 전용 헬멧이 들어 있다. 그 뿐만이 아니라 최초 출격 조종사들이 수행해야 할 적지의 공격 목표와 항법지도, 기타 비행안전을 위한 점검철 Check-list이 들어 있다.

전투기를 몰기 전에 필히 입어야 할 G-suite중력복도 소중히 들어있어 묵직하다.

헬멧에 있는 산소 마스크와 연결된 기다란 호스, 교신용 구선 마이

크와 이어폰, 헬멧의 앞 이마에서 내리는 안면 보호용 특수색 안경 등
은 전투 조종사에게 제 2생명처럼 소중한 한 부분이었다.

이미 대기하고 있던 비상대기 출동차에 임무 조종사들이 모여 들었다.

오늘 영광스럽게도 조국 영공의 첫 비행, 새해 아침의 첫 초계비행
임무에 엄선된 조종사들이다.

통상적으로 전투 조종사들은 하루의 비행임무를 마치고 비행대대
에서 집으로 돌아갈 때 최종적으로 오늘 밤과 내일의 임무와 비행 편
조를 확인한다.

이미 야간 비상 출동 대기 조는 활주로 끝에 있는 비상대기실로,
야간 비행조는 개인 항공장구를 챙기고 전투기가 있는 주기장으로 가
기 전에 임무 브리핑과 야간시력의 암 적응 등 이런 저런 준비로 긴장
속에 바쁘다.

주간 비행을 마친 조종사들은 내일의 임무와 편조를 확인하는 것
은 물론 야간에 있을 지도 모를 상황에 대비하여 지명된 임무조 소위
15분 대기조, 30분 대기조가 누구 누구인지 확인하고 각자 비행 장구
를 지참하고 동료 조종사들과 함께 기지 촌에서 기다리는 가족들의 품
으로 돌아 간다. 전투 조종사들은 10년 내지 20년을 기지촌에서 아내
의 기도 속에서 이렇게 하늘을 지키는 기본 임무 속에 낮과 밤의 긴장
된 시간을 보내왔다.

전투 조종사들이 모여 사는 기지촌은 활주로에서 다소 멀리 떨어져
있었지만 전투기가 발진하는 그 폭음은 온 기지를 흔들었다.

언제나 용감한 남편의 스리 같아서 그 굉음을 감내해야 했고 아내들은 남편이 돌아 올 때까지 여린 가슴을 조여면서 그 소리를 기다리며 살았다.

오늘은 새해 아침 첫 새벽 비행이다.

이 이른 시간에 희미하게 전등불이 켜져 있는 집은 새벽 비행 임무를 맡은 조종사의 집임에 틀림이 없다. 약속시간이 되자 그들을 태운 비상출동대기 차량이 기지촌을 조용히 떠났다. 기지의 관사촌은 길목의 가로등만 남긴 채 다시 적막과 어둠 속에 묻힌다.

오늘 나와 함께 할 새벽 초계비행의 임무 조종사는 비행대대에서 가장 유능한 젊은 조종사다. 우리는 각자 탑승할 전투기가 있는 엄체호Igloo 위치를 찾아들어 갔다.

먼저 와서 전투기 외부 점검과 연료보급의 재확인을 끝낸 정비사들과 무장사들이 우리를 반갑게 맞이한다. 활주로등과 유도로등이 아직 희미한 채 어둡고 적막하지단 팬텀기 주위에는 밤의 정적은 없다.

비행이 없는 날 기지의 밤은 언제나 어둡고도 고요했다. 봄 가을 철 따라 기지촌의 외곽의 철조망을 넘어 먼 뒷산의 산새 소리, 활주로 주변의 억새풀 넘어 풀 벌레소리, 때때로 초가을 귀뚜라미 소리들이, 마음을 편안하게 적셔 주기도 했던 비 내림 소리도 들을 수 있었던 그런 밤의 적막이, 그런 고요가 이 순간 멀리 사라진 것이다.

내가 타야 할 전투기의 주기장으로 들어서니 외부 발전기의 밝은 조명이 대낮처럼 밝아 눈이 부시다. 가능한 암적응을 위해 조종사들은 빛과 마주침을 피해야 한다. 한편 손전지로 동체와 날개의 이음새 사이로 항공기 기름과 엔진오일 등의 누수가 없는지 점검철의 항목들을 하나씩 짚으면서 확인 점검을 했고 항공기 기록부에 서명을 했다.

이윽고 정비사의 도움을 받으며 좁은 전투기 좌석^{Cockpit} 속으로 들어간다. 비상시에 탈출시킬 사출대^{Catapult} 위에 몸을 앉히고 나서 깔고 앉은 구명정과 생환장비가 들어 있는 장구와 등에 업은 낙하산 장구와의 연결고리를 연결한 다음 전체가 한 묶음이 되도록 발목과 정강이 그리고 허벅지까지를 연결끈으로 묶었다.

비상시 성공적인 탈출을 위해서다.

비상시 탈출했어도 발목이 탈출구에 걸려서 부러지거나 깊은 상처로 생환 하지 못한 안타까운 사례가 많았다. 수천 번을 오르내렸던 조종석이라 아무런 느낌도 없이 수초 만에 사출 대와 구명정과 파라슈트와의 연결이 끝났다.

이제 팬텀기에 시동을 걸기 시작해야 하는 약속 시간이 됐다.

육중한 팬텀기가 생명을 얻기 시작하면 그 엔진의 소리도 그러하지만 양 날개와 동체에서 점멸하는 붉고 푸른 항법 등이 주위에 있는 모두를 긴장케한다. 특히 꼬리부분의 수직안전판 위에서 빠르게 회전하며 점멸하는 충돌방지 등Anti collison-light이 어두움 속에서 팬텀기의 육중한 전체 윤곽을 선명히 잡아주었다.

새해 아침 조국의 하늘을 제일 먼저 지키러 떠나야 하는 2대의 팬텀기가 생명을 얻은 것이다. 명령된 이륙시간에 앞서 편대장이 지시한 약속된 시간에 요기는 시동을 걸었고 편대장의 관제탑과의 교신으로 지상활주가 시작됐다. 팬텀기는 2인승 복좌 전투기로 전방석과 후방석의 기본임무가 달랐다.

전방석 조종사가 시동을 걸고 연료 계통과 유압상태를 중심으로 전투기의 계기판과 모든 조종상태를 점감하는 동안 후방석 조종사는 레이더 작동 상태와 관성항법 공격장비INAS등의 각종 기능 상태BIT 점검을 끝낸다.

팬텀기가 붕정만리鵬程萬里 날아갈 생명력을 얻어 지상 활즈를 시작하자 나는 관제탑에 조명을 밝혀주기를 요청했다. 그동안 희미했던 활주로등과 유도로등의 조명이 주변의 마른 잎새들 사이로 확 밝아져 왔다. 삭막하고도 넓은 비행장이 깊은 잠에서 깨어나는 여명의 순간이다.

이륙예정 시간은 6시. 아직 5분 전이다. 활주로 진입직전의 최종 점검구역Last chance area에서 임무 조종사와 지상의 정비사들은 각자의 위치에서 이륙시간에 앞서 마지막 점검을 끝낸다.

어둠에 가려 그들의 얼굴은 읽을 수 없지만 편대장인 나는 수년간 그들과의 긴밀했던 접촉과 대화로 그들의 몸 놀림과 걸음거리로도 그들이 누구인가를 잘 알고 있다.

나는 그들의 민첩한 동작 하나 하나를 유심히 지켜본다.

최종 점검지역에 들어선 팬텀기 사이사이를 정비사와 무장사가 날개와 동체 밑으로 이리저리 기어들며 그새 연료나 오일의 누수가 없는지, 공중에서 적기와 만났을 때 일격 필추의 무기인 공대공 미사일의 안전핀이 제대로 됐는지, 1,200 발의 20mm 6문의 발칸포가 제대로 발사되도록 장진과 안전핀이 제거 됐는지 임무에 따라 적의 심장부를 강타하는 레이저 유도 폭탄이나 흑백 광학 유도 미사일 등의 작동에 이상이 없는지 이륙 전 최종적으로 재확인하는 곳이다.

전투 조종사들 못지 않게 그들의 최종 확인 임무가 더욱 중요하다. 드디어 기장으로부터 현광봉으로 크게 원을 그리며 이상이 없음을 확인하는 수신호가 왔다. 이어 편대장인 내가 엄지 손가락을 눈높이로 세워 짧게 응답하고, 점검하는 동안 잠시 열어 놓았던 케노피를 수신호에 맞추어 닫자 2번기도 동시에 닫았다. 그러자 전투기의 좁은 좌석은 찡 하는 느낌으로 공기를 조여 왔다. 이륙 전 마지막 필수 점검인 산소호흡기 레버를 100% 산소에 맞추었다.

임무를 위한 지상에서의 모든 점검을 끝냈다.

새해 첫 영공의 초계비행이라 무거운 책임감이 가슴을 누른다.

요기를 바라보니 이륙준비가 끝났다는 수신호가 왔다.

서로 외관상의 모습을 보며 편대 이륙을 해도 이상이 없음을 재확인하고 주파수를 지상관저 주파수에서 이착륙 관제주파수로 바꾸어 이륙허가를 요청했다.

"Taegu tower, alpha flight ready for take off"

이윽고 관제탑으로부터 세련된 톤으로 이륙을 승인하는 응답이 왔다.
" alpha-flight, clear to take off !"
" roger alpha "

나는 관제탑에 이륙허가를 명확하게 복명하고 이륙해야 할 긴 활주로를 다시 응시했다.

활주로 양 옆 풀잎 높이 사이사이로 활주로 표시등이 멀리까지 원근법으로 일직선으로 좁혀져 왔다. 반드시 지켜야 할 생명의 좁다란 길을 확인하고 주 날개에 뒤쪽으로 좁혀진 보조 날개의 반을 지침서대로 아래로 내렸다. 다소 길어진 날개의 곡면이 이륙시 양력을 도와 줄 것이다. 최적 이륙을 위한 조종간 기본 위치도 양력 각도 3~5도에 맞추어있는지 최종 확인하고 오른 손에 잡은 조종간을 다시 한번 꽉 잡아 흔들었다.

언제나 전투 조종사들에게 그러하듯 활주로는 우리들의 생명선이고 우리는 그 길에 목숨을 걸었다. 우리는 이 길로 반드시 다시 돌아와야 한다. 그래야 내일 다시 이 길을 떠날 수 있다.

고개를 돌려 요기를 보니 날개를 나란히 한 요기가 기다렸다는 듯이 엄지를 세워 이륙 준비에 이상이 없음을 최종적으로 알려 왔다. 함

창공의 서사시 | 81

께 대지를 떠나 하늘로 비상하는 약속의 순간이 다가온 것이다.

가자 하늘로 !

나는 약속 동작으로 숙인 머리를 들면서 그 동안 힘 주어 지탱하고 있던 양발의 브레이크 페달을 동시에 확 풀었다. 동시에 조종간을 잡고 있는 오른 손의 중지로 조종관 앞부분에 연결된 빨간색 Sterring-button^{방향조정 버튼}을 눌러 편대가 활주로를 벗어나지 않도록 이륙 진행 방향을 일직선이 되게 유지했다.

드디어 창공을 향해 육중한 팬텀기의 편대이륙을 위한 빠른 활주가 시작된것이다.

팬텀기의 편대 이륙하는 모습은 참으로 장관이다.

평소 단기 이륙을 시도하지만 편대 이륙을 하노라면 이를 보는 사람들, 조종사들까지도 걸음을 멈추고 하늘로 치솟는 모습을 긴장된 마음으로 지켜본다. 그 도약하는 순간의 장엄함과 가슴으로 전달되어 오는 긴장감으로 자기 스스로가 신념의 조인이었음을 새삼 발견하곤 했다.

편대비행에는 말이 필요치 않고 오직 침묵 속에 행동만이 요구되었다. 두 사람이 한 몸 처럼 그 일거수 일투족이 혼연일체가 되어야 한다. 한 치의 착오도 없이 두 마음이 한 마음이듯 함께 비상하는 것이다. 이렇듯 편대 이륙의 모습은 상호신뢰와 동지애의 최고 경지다.

숨결 조차도 멈춘 채 조종간에 전달되어 오는 순간, 새로운 생명감을 느끼며 요기와 함께 대지를 박차고 하늘로 솟구치는 이 엄청난 공간의 변화는 과히 정신과 과학이 결합된 최고의 작품이라 아니할 수 없다.

전투기가 움직이기 시작하자 왼손으로 움켜 잡았고 있는 출력조절기Throttles를 90% rpm에서 100% rpm으로 전개하면서 후기 연소기After burner를 터트렸다. 요기는 편대장의 수신호에 따라 브레이크 페달에서 두발을 떼는 동시에 왼손에 잡고 있던 두 개의 Throttles 뭉치연료 조절기를 최고로 전개하면서 후기연소를 함께 터트려 속도를 맞추어야 한다. 이 때 지축을 뒤흔드는 제트 엔진의 폭음과 함께 뒤로 분출되는 불기둥Flame은 우주 공간으로 발사되는 로켓 못지 않다.

어두운 적막을 걷어내고 뿜어대는 시뻘건 불기둥에서 팬텀기는 용강로 같은 시뻘건 새 생명을 얻었고 우리는 새벽 하늘로 솟아 오르니 새로운 하늘의 세계가 전개되어 온다.

전투기를 떠받치고 있던 양쪽 타퀴Landing- gear를 동체 속으로 집어넣고 보조 날개를 접어 넣자 팬텀기는 순식간에 음속으로 치닫는다. 그 속도를 최적 상승속도시속 250마일로 바꾸어 하늘로 치솟으니 어언 간에 2대의 팬텀기 편대는 조국의 산하와 하늘을 지키는 신념의 조인이 된다. 새벽의 조국 하늘에 초계비행이 시작된 것이다.

"항공통제본부 나오라, 여기는 팬텀기 알파 편대다." 나는 항공통제본부를 불렀다.

영공 수호의 방패요, 불침번인 요격 관제사와 레이더다 감시요원들은 새벽 초계비행 임무 편대가 이륙했음을 예측하면서 사전에 약속된 비밀 주파수로 우리와의 교신을 기다리고 있었다.

"여기는 항공 통제 본부다. 알파 편대는 방위Vector 330, 고도Angel 35, 주파수Channel 12를 계속 유지하라 오바."

우리는 지시대로 330도 비행 방위를 유지 할 것과 비행고도 35,000 피트로비행 할 것을 복명하고 지정 주파수 # 12로 바꾸고 비행정보를 받았다. 영공의 가장 높은 고도에서 가장 바른 속도로 가장 강한 독수리가 된 것이다.

전투 조종사들은 주야를 불문하고 기지를 떠나 하늘에 오르면 일단 항공통제 본부와 교신하여 무장 상태와 비행 가능 상태를 알리며 영공방위의가용전력으로 대기자 명단에 등록되도록 보고해야 한다.

영공을 침투하는 그 어떤 항적에도 즉각 대응할 수 있도록 말이다.

전투 조종사들은 언제나 전투 준비를 갖추고 그들의 전술관제와 통제하에서 영공 수호 비행을 했다.

기본 무장은 4발의 전방위 공대공 미사일 2발의 열 추적 미사일 1,200발의 발칸 포의 기본 무장을 하고 일단 유사시 대응할 수 있도록 하며 기본 임무들을 수행했다. 365일 낮과 밤의 구별 없이 지상에서는 별도의 전력이 적 도발에 대비하고 응징 보복을 하기 위해 레이저 유도 폭탄과 광학 유도 미사일을 장착한 임무 편조가 항상 대기했다.

적 전쟁지도부와 항공세력을 무력화시키기 위하여 결정적 한 순간을 위하여 기다리고 있다. 전투기 조종사들은 이렇게 매 순간 전쟁을 준비해야 하는 것이다.

이래서 신년을 맞이하는 새벽의 초계 비행은 더욱 감격적이고 감동적이다. 겨울철의 새벽은 참으로 춥고 어두워 쉽지 않지만 온 국민이 희망찬 새해를 맞이하는 새벽, 나라를 지키는 첫 비행의 임무는 그 어떤 임무와도 비견할 수 없는 자랑스런 비행이다.

새해를 맞이하는 새벽 초계비행은 비행 안전과 임무의 성공을 위해 임무 조종사의 선별도 신중했고 누구나 선택되기를 바랐다.

편대장은 편대장대로 요기는 요기대로 임무에서 그 능력의 평가를 받았다. 나는 지난 날 요기로 있을 때 가장 믿음직스러운 요기가 되고자 했다. 어디든지 데리고 가고픈 능력있는 요기가 도려 비행술을 익히고 연마했다. 편대장이 되었을 때는 요기로부터 가장 신뢰받는 분대장, 편대장이 되고자 했다. 저 편대장이면 어디든지 따라나서겠다는 하늘의 무사가 되길 바랐던 것이다.

우리는 그렇게 스스로를 채찍하며 신념의 조인이 되고자 했었다.

이 높은 고도 빠른 음속, 여명이 밝아 오는 조도의 꿈틀거리는 산하는 참으로 아름답다. 나는 편대 간격을 밀집편대에서 일정 공간을 넓힌 초계 편대 대형을 유지하도록 날개를 흔들어 지시하고 음속에 가까운 속도로 초계구역으로 진입해갔다.

고도 35,000 피트의 수도 상공에 이르니 밝아 오는 동해와 서해가 한 눈에 보인다. 노략될 수도 없고 되어서도 안 될 조국 하늘의 새해 새벽 초계비행을 하노라면 다시 태어나도 이 길을 가리라 다짐케 된다.

항공통제본부에서 비행 지시에 따라 동에서 서로, 서에서 동으로 초계비행을 하면서 요기와의 위치를 재확인하고 전투기 상태를 재 점검한다.

간격을 넓힌 항진 대형으로 따르는 요기의 동체 후미에서 하얀 비행운Contrail이 길게 번져 나온다. 참으로 새벽의 깨끗한 하늘에 남기는 발자취는 아름답다기 보다 신비스럽다.

그것이 한없이 부러워 후미용 거울을 보니 나의 발자취도 길게 번져 나오고 있다.

비행운이 분출될 때는 위치 노출 때문에 즉각 고도를 더 높이거나 낮추는 것이 공중전의 기본 교리이지만 오늘의 새벽 초계비행은 그러지 않았다. 오히려 새해 아침 누군가가 하늘을 지키고 있음의 흔적을 남기고 싶었다.

하늘에 수놓듯 하얀 비행운은 길게 길게 뻗어갔다. 나는 우리가 줄기차게 뻗어내는 Contrail에서 우리의 호국 정신을 국민에게 확인케 하고 싶은 것이다. 이 아름다운 강산을 내가 지키고, 이 평화로운 산하를 굽어 보며, 내 어머니 나라를 사랑하고 있다는 것이 얼마나 자랑스러운가를 새삼 느끼는 것이다. 이제 찬란히 새해가 동해의 심연에서 솟았다. 누가 이 아침의 조용한 나라를 동방의 등불이라 하였는가, 새벽의 초계비행은 더 높고 더욱 빠르다.

높고 푸른 하늘을 이렇게 자유로이 날며 어느 때쯤 이렇게 아름다운 강산을 패기에 찬 요기와 함께 동이 터져 오는 이 찬란한 하늘에서 초계비행을 할 때가 올 까? 언제인가는 통일의 그 날이 올 것이다.

항공통제본부에서 수도 상공으로 초계비행의 후속편대가 오고 있음을 알려온다. 임무를 완수한 의무와 책임감이 자유를 넘어 행복감으로 번져 온다. 이제 돌아 가자, 이제 기지로 돌아가야 할 시간이다.

이 빠른 속도와 높은 고도에서 조인이 되어 해동청 보라매처럼 자유롭고 억센 날개를 서서히 접으면서 대지를 향해 내려 가자. 우리의 안전한 귀환이 모두를 행복하게 할 것이다. 그 행복 속에 새해 새 아침 새로운 시작을 다함께 맞이하게 해야 한다.

진정한 우리들의 행복은 새처럼 하늘을 나는 자유 속에 있는 것이 아니라 그 자유 속에서 책임을 다해 내는 것에 있음을 새삼 느끼며 나는 날개를 두세번 흔들어댔다. 약속된 명령을 내린 것이다. 요기가 편대장의 지시에 따라 밀집 편대를 이루었다. 지금 우리는 대한민국의 가장 높은 힘으로 가장 빠르게 날고 있다.

동해에서 솟아오르는 붉은 태양의 빛으로 하늘 속으로 번져 오는 대지의 모습은 참으로 신선하고 찬란했다.

1981. 새해 아침

팬텀기로 새벽 비행을

아직 동이 터 오르기 까지 시간이 이르다.
이륙 예정시간 06시
사랑하는 아내는 벌써 일어나
커피를 끓이고 있다.

아이들의 잠든 모습,
계집 아이는 인형을 안고
둘째 놈은 엎드려 자고 있다.

새벽의 따끈한 커피를 마시노라면
무사하기를 바라는 아내의 눈길
조종복에 빨간 머플러를 목에 둘러 문을 나서면
2월의 하늘 바람은 차고 별은 외롭다.

황량한 활주로, 애기 팬텀 주위에는
이미 밤의 정적은 없다.
반가이 맞는 믿음직한 정비사
날개를 나란히 할 억센 요기의 모습
시동장비의 요란한 엔진소리
이미 임무를 위한 약속은 되어 있다.

이제 새벽의 먼동이 서서히 밀려 오고
육중한 전폭기는 생명을 얻어 활주를 시작한다.
우리의 생명선인 긴 활주로를 따라
편대는 이륙되었다.

지금 나에게 무엇보다 궁금한 것은
이륙 완료 후 요기로 부터의 응신
" 2번기 엔진계통 이상 없음 오버. "
" 1번기도 양호하다 대형을 유지하라".

이제 우리는 범할수 없는 강한 독수리
기수는 하늘로 치솟으며 북으로 향한다.

누가 이 아침의 조용한 나라를 동방의 등불이라 하였는가!
멀리 동해 찬란히 솟아 오르는 태양
아침의 신비스러운 안개 속에 움직이는 산하.
아, 내 조국은 정녕 아름다운 강산!
영공엔 레이더에 잡힌 어느 항적도 없다.
어느 누구도 노략할 수도 없고, 되어서도 안 될
동해의 만곡선을 따라 펼쳐지는 이 조국의 모습,

창공의 서사시 | 89

새벽의 초계 비행은 더 높고 더욱 빠르다.
수도 상공의 초계비행
이 높은 고도, 이 빠른 음속
동해와 서해가 한 눈에, 그리고 멀리
원산만이 보인다.

푸른 하늘이여!
어느 때쯤 이렇게 아름다운 강산을
패기 찬 요기와 함께 두만강을 따라
북만주 건네보며
동이 터오는 하늘
초계비행을 할까.

1970. 겨울

야간 비행의 추억

야간비행이 남긴 사실적 이야기는 많다. 야간비행은 주간비행에 비하여 다소 두려우면서도 미지로 가는 도전에 이끌리는 매력있는 비행이다. 어두움 자체가 두려움이었다.

대지가 고요히 잠든 밤하늘의 야간비행은 내 스스로 별들이 흐르는 유성 같기도 하고 달이 있는 밤의 야간비행은 은은히 밝아서 한결부드럽고 편안하다. 높은 고도에서 내려다 보는 마을의 불빛은 그 자체가 행복해 보이기도 하고 깊은 고요가 잠시 고독감을 준다. 그곳이 돌아갈 내 집처럼 느껴지기도 했다. 그런 순간은 그래도 마음의 여유가 있다. 늘 두려운 것은 주위의 어둠이었다. 먹구름이 대지를 덮고 그 구름 위를 나를 때나 바다 위를 나르는 야간비행, 임무를 마치고 기지에 착륙할 때까지 구름을 뚫고 빛을 찾아가는 야간비행은 순간 순간이 초 긴장의 연속이다.

주간비행이 태양을 쫓아가는 비행이라면 야간비행은 별을 쫓아가는 비행이다. 밤하늘 전투기들은 그 별무리 속을 거침없이 날아간다.

때로는 달무리를 바라보면서 날기도 했고 구름 속을 오랫동안 지나가기도 했다. 어둠이 짙을수록 고도가 낮을수록 긴장감은 더 해 간다.

밤하늘 전투기는 때때로 어디론지 흘러가는 유성을 만난다. 그들은 생각보다 멀리 더 빠르게 날아간다. 그들은 우리는 가야 할 길과 정해진 시간과 닿아야 할 목표가 전혀 다르다. 그럴 때이면 혼자서 독백을 하곤 했다. '저 별은 어디로 사라지나? 우리는 반드시 집으로 돌아가야만 해' 했던 것이 야간비행이었다.

야간비행의 두려움은 비행 그 자체가 아니라 안 보이는 어두움 그 자체가 우리를 두렵게 했다. 빠른 속도로 저고도 항법 비행은 긴 터널을 빠져나오는 때와 같이 긴장을 더해 갔고 착륙을 하고 나서 보면 조종복의 가슴팍은 항상 땀으로 젖어 있었다.

비행이 길어지면 어둠도 깊어 간다. 그때마다 조종사는 좁은 전투기 좌석 속에서 전투기 좌석 계기판 조명도를rheostat-knob 조절해 가야 한다. 적어도 3대 1의 배분으로 외계로부터 눈의 초점은 언제나 계기판 한가운데 자리한 비행 자세를 주시하고 있어야 했다. 雲中 비행일 때는

100% 계기비행이다. 자세계기attitude indicator를 놓치면 끝장이다.

주간에는 멀리 보이는 지평선이나 수평선이 비행 자세를 잡아 주었다.

상대적으로 이루는 경사도에서 좌우 선회와 상승 강하를 하며 시각으로 비행자세를 고쳐 잡았지만 야간에는 기준이 되는 가상 지평선이 보이지 않는다.

하늘과 땅의 구분이 선명치 않은 상태가 되면 신체적으로 귀 안에 있는 삼반 기관에서 정상적인 균형감각을 서서히 잃기 시작한다. 환상Vertigo이 일어나기 시작하는 것이다. 이로 인해 비행 자세에 착각이 오면 이 순간 즉각 비행 자세 지시계기를 보고 경사져 가는 비행자세를 고치며 방향 감각을 바로 잡아야 한다.

허용되는 순간은 불과 수초이다. 이 수초를 놓치면 회복 할 공간이 없다. 많은 조종사들이 야간 비행 중 비행 자세를 잃고 사라져 갔다.

60년대부터 80년대 중반까지 북으로부터 간첩선의 야간 침투가 많았다. 동해 서해는 물론 남해까지 침투해 왔다. 수송기에는 조명탄 수백 발을 싣고 전투기에는 로켓을 달고 비상대기를 했다. 발견된 간첩선은 결사 항전을 해 왔다. 합동참모 본부가 대 간첩 작전의 총 본부가 되었던 때이다.

기지마다 야간 공격기가 비상대기실에서 출격명령을 기다렸다. 때때로 전술 지원기(수송기)가 야간에 조명탄을 투하하고 그 조경하에 도망하는 간첩선을 전투기가 격침시켰다. 탐색 수송기가 피격되어 바다에서 사라지기도 했다. 이러듯 간첩선의 야간 침투가 수없이 있었다.

어두운 바다 북으로 도망하는 고속 간첩선을 칠흑같은 밤바다에서 조명 탄의 투하하에 격침시킨다는 것이 얼마나 어려운 작전인가는 경험했던 조종사가 아니면 짐작이 어렵다.

작은 목표물을 계속 발견하고 추적비행을 있기도 어렵지만 도망가는 쾌속정을 단 한번의 공격으로 명중시키기도 여간 어렵지 않다. 시꺼먼 바다에서 고도 판별이 더 어려웠다. 최고속으로 도망하는 간첩선을 수차례 공격하다 보면 비행자세를 잃게 되고 공격 후 안전고도를 유지하기 위하여 중력 4G 이상으로 상승하다 보면 순간적으로 시력을 잃게 된다. 삼반 기관으로 전달해 오는 순간적인 작용과 반사작용으로 균형감각은 반대로 일어난다. 따라서 조종사는 비행회복 조작을 반대로 무의식중에 하게 된다.

전장에는 주야가 없다. 적자생존이다. 조종사 스스로가 주간 못지 않게 야간 작전 능력을 갖추어야 하는 것이다. 야간에 공중으로 침투하는 적기를 격퇴시키는 전천후 요격 능력을 비롯해서 적 지도부와 전략 목표를 야간에도 강타할 수 있는 공격능력을 가져야 했다. 이렇듯 야간 비행은 그 준비가 철저해야 했다.

전쟁의 역사와 경험이 부족했던 탓으로 실제 야간 작전뿐만이 아니라 훈련과정에서 많은 비행사고가 있었다. 이 과정에서 많은 조종사가 목숨을 잃었다.

세계 제2차 대전 당시 불란서 전투기 조종사였던 생텍쥐페리

1900.6.29~1944.7.31는 전투 조종사가 되기를 열망했고 출격에서 돌아오지 못했다. 전투기 조종사가 되기 이전에는 우편물을 사막 넘어 아르헨티나 등 남방지역으로 실어 나르는 비행사였다.

그가 쓴 야간비행은 야간비행을 하며 우편물을 날랐던, 끝내 사랑하는 아내 곁으로 돌아 오지 못한 고독한, 한 조종사의 이야기다. 당시 우편물의 배달 시간이 경쟁이 되었던 우편물 운송사업은 야간비행의 위험을 무릅쓰고라도 날아가야 했던 자신의 이야기이며 야간비행의 개척자이기도 하다. 이 소설의 주인공은 사막을 넘나드는 야간 비행에서 태풍을 만난다. 되돌아 갈 수도 없고 결국 방향을 잃고 사막에서 불빛을 찾아 헤맨다. 이미 사막이 아닌 어두운 바다에서 별빛을 대지의 불빛으로 착각한다. 불빛인 양 쫓으며 솟아 오르건 비행기는 허공에서 실속으로 떨어진다. 돌변 기상을 만나 방향을 상실하고 결국 집으로 돌아 오지 못한다. 고독하고 슬픈 야간비행이다.

세계 2차 대전 중 태평양 전사에 기록된 영웅적인 야간 비행은 최초의 동경 폭격이다. 태평양 전쟁 초기1942. 4.18 감행된 폭격기 16대의 동경폭격Tokyo-Raid은 예상치 않게 야간비행으로 감행했다. 원래는 계획된 항공모함에서의 출격은 동 터오는 아침이지만 일본 정보 수집 선에 조기 발견되어 어두운 새벽에 이륙을 해야 했고 일찍 뜬 거리만큼 폭격 후 귀착지로 예정된 중국까지의 연료가 부족했다. 캄캄한 항공모함의 짧은 갑판을 떠나야 하고 저고도 야간 비행으로 동경을 향해 침투해 갔으며 항모로 되돌아 오지도 더 가지도 못하는 동경 폭격대Tokyo-raids

는 일본의 신풍특공대가 있기 전의 미국식 '가미가제' 라 비유가 될 수 있다. 16대의 B-25중폭격기 대원 80명은 정오에 이르러 전략적 동경 폭격은 감행 되었지만 미지의 비상 착륙지인 중국까지 연료가 부족해 대부분 바다에 불시착 했다. 그 후 생존자들은 최고의 훈장을 받았고 전쟁 영웅이 되었다. 야간비행으로 시작된 동경 폭격대의 총 대장 두리틀Jimmy Doolittle 1896~1993중령은 2개급 특진으로 장군이 됐다.

지금도 미국은 매년 이날을 기념하고 있다. 폭격대원 80명 중 현재까지 생존자가 지난해까지 7명이다. 그 후 두리틀 장군은 대장까지 승진했고 미국 역사에 남는 영웅이 됐다. 그의 영웅적 이름은 한국에 까지 이정표에 새겨져 있다. 오산에 있는 미 공군 기지로 진입하는 길 이름이 Doolittle -road 이다. 주한 미 공군이 그의 영웅적 이름을 딴 것이다. 야간비행이 낳은 영웅적 흔적들이다. 이처럼 야간 비행은 그 자체가 쉽지 않은 비행이다.

내가 처음 야간 비행을 경험한 것은 1961년 가을쯤이니 지금부터 50년 전이다. 공군 사관학교 졸업 후 2년이 지나서야 전투기 조종사가 되는 소정의 비행교육 과정을 마칠 수가 있었다. F-86F 세이버 제트 전투기로 모든 전투기동 훈련도 공대공 공대지 사격훈련도 마쳤다. 마지막 수료 직전에 야간 비행 과목이 2회 들어있는 것이다. 그만큼 야간 비행은 조심스럽고 준비가 철저해야 했다.

말이 야간 비행이지 조종 학생으로서 첫 야간 비행은 안전을 고려해서 해 질 무렵에 이륙하는 박모 비행이었다.

전투기 조종사가 되는 마지막 단계에 야간비행은 주간비행과는 달리 먼 밤길을 떠나 집으로 찾아가는 나그네처럼 조종학생은 물론 교관까지 긴장시키고 있었다.

빨간 마후라의 사나이가 되기 직전의 최종 6개월 간의 고등비행 훈련 과정은 전투기 조종사가 되기 위하여 쌓아온 일생 중 가장 중요한 기간이었다. 날개를 얻은 학생 조종사들은 자랑스러운 모습을 고향의 부모 형제들에게 보여주고 싶어 했지만 훈련 중에 그런 기회가 왔다 할지라도 감독비행에 발각되면 가차없이 처벌을 받았기 때문에 감히 공역을 이탈할 수 없었다.

우리 모두는 아직도 조종학생 신분으로 엄한 군기 속에서 각자 유종의 미를 거두어야 하기 때문에 주간 비행과 사뭇 다른 야간 비행 준비를 더욱 철저히 했다. 비행 경험이 적은 조종 학생이고 안전비행에 장애요소가 많은 야간 비행임을 감안하여 일몰 직전인 박모에 떠서 착륙 예정시간은 일몰 후 1시간으로 배려를 해준 것이다.

그 당시 기종이 젯트 전투기 F-86F 조종학생으로 수료 직전에 2번의 야간 비행으로 전 과정을 사고 없이 마치면 소망했던 전투기 조종사가 되어 전투비행단으로 배속되기 직전인지라 발톱을 감추고 있을 뿐 내심으로는 독수리가 되어 고향비행을 할 기회를 노리고 있었지만 쉽사리 기회는 오지 않았다.

그런데 박모 비행이 그 기회를 가져다 준 것이다.

나는 난생 처음으로 노을져 가는 서녘 하늘을 보면서 애기인 세이버 제트기를 몰고 이륙하자마자 정해준 공역 진주 상공으로 날아갔다. 노을 져 가는 가을 하늘은 참으로 찬란했다. 서해 바다 속으로 태양이 매초 매초 빨려 들어가고 있음이 역력히 보인다. 우주 공간에 나 혼자다. 그립던 고향을 한번 찾아가 보고 싶은 충동이 치솟았지만 자제하고 있었다.

고도 20,000피트 속도 300노트 이륙 당시 야간의 두려움은 싹 사라지고 준비된 공중기동 비행을 하기 위해 사주경계를 하는데 저 만큼 전투기 한대가 먼저 와서 지평선상에서 빙글거리고 있는 것이 아닌가? 반가운 마음으로 후미로 접근해 기체 번호를 보니 감시병이 아니고 동기생이 아닌가? 하늘에서 예상치 않게 만나니 어찌 반갑지 않겠는가? 그도 나를 보고 반갑게 손을 흔들었다. 의기투합이 된 것이다. 번개처럼 생각이 스쳐 갔다. 오랫동안 가지 못했던 고향에 갔다 오자는 결심이 서자 나는 수신호를 보냈다. 3초 간격 수신호로 따라오라며 급강하 비행으로 선도해 나갔다. 공중에 한 마리 외로웠던 새가 친구 새를 만나서 함께 어디론지 날아가는 모양새가 된 것이다. 전투기 좌우에 달린 백미러를 보니 적기를 추적하듯 일정거리를 유지하며 따라오고 있지 않은가! 맘속으로 멋있는 친구야! 하며 나는 그를 데리고 거침없이 고향 하늘로 향해 날아 갔다.

박모 비행이라 아직 서산에 해가 기울고 있어 그 여명으로 멀리 내가 자란 고향 땅 남해 섬 전체의 윤곽이 바다 위에 뚜렷이 떠 있어 보인다.

멀리 보이는 산 이름이 강운산强雲山인데 산이 높아 태평양 전쟁 종전 직전에 미군 폭격기가 야간 비행 중 산 정상을 받았다. 이때 순직자들 8명을 위해 미 공군이 매년 추모행사를 갖는 고향 마을 뒷 산이다. 주변 지형을 손 바닥 보듯했다. 동기생을 데리고 오매 그리던 향토비행을 야간비행에서 하게 된 것이다.

공역을 다소 이탈했을 뿐인 비행이라 생각하니 크게 불군기 비행이라는 생각도 들지 않았다. 하늘의 사나이로서 호연의 기를 칼휘할 절호의 기회가 온것이다. 절대로 지켜야 할 것은 안전이다. 너무 낮게 날아서도 안되고 높게 날아서도 안된다. 말없이 따라오는 동기생이 의리의 사나이로 생각되기도 하고 진정한 동지요 전우로 여겨졌다. 적의 전쟁 지도부나 전략 목표를 공격 할 때 네이팜탄을 퍼붓 듯 하는 저공 비행으로 진입해 들어가니 이미 전투기 조종사가 다 된 모습이었다. 담대하게 난공불락의 적 요새를 일순간에 해치운 느낌이었다. 우리가 대견스러웠다.

나의 첫 야간 비행은 노을이 번져 오는 고향의 하늘 아래서 향토비행으로 시작된 셈이다. 따라나선 동기생은 훗날 나와 함께 팬텀기 조종사로 생과 사를 함게 했던 임병선 소위다. 함께 소광했던 공중 지휘관이 됐고 합동참모 본부에서 공군 소장 직을 끝으로 전역을 함게 했다. 지금으로부터 50년 전의 숨겨둔 첫 야간비행 이야기이다.

그 후 30여 년 동안 야간비행은 계속되었다.

나의 전투기 비행시간이 3,700여 시간, 야간 비행만도 220시간이다. 전천후 전폭기인 팬텀기를 몰면서 수 없이 야간비행을 했다. 편대장으로서 교관 조종사로서 시험 비행 조종사로서 수 많은 주 야간 전투 비행을 하면서 수시로 일어나는 착각Vertigo 현상을 수 없이 겪었던 경험이 있다. 용케 살아 남았다.

두려우면서도 매력적인 비행이 야간 비행이다. 어두운 밤 어려운 임무를 성공적으로 마치고 쾌적한 기상에서 기지로 돌아오는 야간 비행은 언제나 즐거웠다. 성취감이 있었다.

때로는 초생 달이 비행 방향을 잡아 주기도 하고 하늘에 깔린 수천 개 별들이 손에 잡힐 듯 가까이 있어 어린 시절 별을 헤아리곤 했던 밤하늘 우주의 신비가 가슴에 닿기도 했다.

먼 불빛 몇 개를 따라, 기지의 탑조 등을 찾아 기지로 돌아 가던 지난 날의 밤 하늘 야간비행과는 달리 이제는 밤하늘에서 내려다 보면 두려웠던 사막 같은 어둠이 깔린 대지가 아니고 불야성으로 모습이 바뀐 도시들이 한눈에 들어 온다. 고속 도로를 달리는 차량행렬의 불빛이 거미 줄처럼 연결되어 있다. 그 도심의 불빛들은 이제는 옛날처럼 따사롭게 느껴지기보다 외로운 이방인처럼 느끼게 한다. 어느덧 이렇게 우리가 발전했구나 하는 감동을 받는다.

되돌아 보면 야간 비행은 주간 비행에 비하여 2~3배 힘든 비행이었다고 생각된다. 비행시작과 끝까지 그 준비와 집중과 마무리가 그러했다.

그동안 대 간첩 작전을 위해 수많은 야간 비상대기와 출동이 있었다. 때로는 야간에 침공해 오는 적 전투기를 요격하기 위하여 팬텀기로 심야비행과 새벽비행을 했다.

어두움의 하늘 공간에서 많은 전투 조종사들이 돌아오지 못했다. 지나온 난 시간은 모두 아름다운 것인가? 우리가 경계해야 하는 것은 야간 비행이 아니라 두려움 그 자체이다. 어둠에서 오는 두려움을 우리는 극복 할 수 있어야 한다.

야간비행의 추억은 나에게는 낭만적인 비행이었다기 보다 긴장되었던 시간의 연속이었다. 그러나 역경의 지수가 크면 행복의 지수도 큰 것인가? 야간비행만큼 매력있는 비행도 없다. 별빛을 쫓아가던 야간비행, 달을 등지고 달리던 심야 비행, 구름 걷힌 동이 터 오는 밤하늘 새벽 비행 등이 지금 아련한 그리움으로 다가온다. 저 달이 지면 곧 새벽비행이 시작 될 것이다. 끝

2011. 가을 밤

마지막 비행

장군으로로서, 전투 조종사로서 이 명예롭고 자랑스러운 군복을 벗기 전에 내 젊은 날의 열과 의지를 다 바쳤던 저 하늘을 꼭 한번 마지막으로 비행하고 전역을 하리라 다짐해 왔지만 막상 전역을 결심하게 되자 그 기회를 포착하기가 쉽지 않았다.

조기 전역을 결심하게 된 것은 1991년, 다 저물어 가는 12월 초순이었다. 마지막 비행을 언제 어디서 어떻게 할까? 구상을 하면서도 마지막이라는 말이 기분을 우울하게 짓눌렀다. 나는 조국의 하늘을 지키는 전투기 조종사가 되어 살아오는 동안 가급적이면 마지막이라는 표

102 | 하늘에 산다

현을 쓰지 않으려 했다. 마지막이라는 표현은 내 인성의 종말과 연계되는 듯하여 기분이 좋지 않았기 때문이다. 처음 F-86 세이버 전투기로 단독비행을 하기 직전의 일이다. 훈육관은 우리들에게 근엄한 자세로 마지막이 될지도 모를 것에 대비하여 유서를 써놓고 비행에 임하라 강요했다. 생전 처음으로 유서를 쓰려하니 기분이 퍽 울적했다.

그 후 오늘까지 비행사고 한번 없이 30여 년 지났다.

나는 나와 함께 오랫동안 비행생활을 함께 해왔고 최근 새 기지를 창설 한 이 장군에게 그가 지휘하는 부대에서 마지막 비행을 할 수 있기를 요청했다. 그는 한국 공군의 최강 비행단장으로 F-16과 F-4 팬텀기를 지휘하고 있었다. 기종은 F-4로 하는 것이 좋겠다고 의견을 같이 했다.

이렇게 해서 나의 마지막 비행은 1991년이 저물어 가는 12월 21일 오전으로 결정되었다.

그날 이른 아침 기지 주변의 기상은 지척을 분간할 수 없을 정도로 짙은 안개로 덮여 있었다. 이륙 예정시간은 11시, 통상비행 브리핑 시간은 2시간이 소요되었다. 한 시간의 항공기 지상점검과 활주 그 이전 비행계획서의 검토 등 최소 2시간에 걸쳐 실시된다. 이때 비행편대장은 물론 그날의 비행 총 감독관은 임무 조종사 자격 여건의 적부성, 건강 상태, 전날 수면 상태, 음주여부 등 신체적 제도적 결격 사유가 없는지 확인한다. 안전저해가 없도록 완벽에 가까운 내적 점검을 하는 것이다.

일선 조종사와는 달리 참모 조종사들은 주기적으로 비행자격 유지

창공의 서사시 | 103

비행을 해서 비행 자격을 갖추어야 한다. 참모 활동을 하면서 자격 유지 비행은 2선 인 참모 조종사에게 향수적 매력인 동시에 용기와 젊음을 주는 샘물과도 같은 것이다. 역경과 시련을 겪어 장군이 되고 공중지휘관인 비행단장을 지낸 본부나 합참에 나가 있는 장군 조종사들은 참모 조종사로서 일선 조종사와 함께 직접 비행하고 싶지만 시간이 허용되지 않았다. 또 모처럼 비행을 하면서 뒷좌석에 업혀 타는 모습은 전투기 조종사로서는 자존심도 상하는 일이다.

유지비행을 하고파도 안전비행이라는 이유로 후방석에서 교관요원과 동승 비행케하면 복좌 항공기와 교관 요원 등의 관리로 큰 부담이 된다. 그래서 참모들의 유지비행은 점점 멀어지게 되는 것이다. 선진국 공군을 보면 참모들에게 철저히 비행케 하고 자격을 유지케하면서 안전비행을 도모하는 것이다. 지휘관급 조종사들은 단 한번의 비행으로 모든 작전수행능력을 총체적으로 파악할 수가 있다. 지휘관 참모들의 직접 유지비행은 대단히 의미가 있고 중요한 일이다.

4년 만에 입어본 조종복

젊은 시절 나는 날아가는 새처럼 자유롭게 비행했다. 지난 세월이 어제만 같은데 어언 나는 F-16과 F-4 팬텀기를 지휘하였던 비행단장직을 마치고 공군 본부, 합참의 요직을 거치면서 바쁜 하루 하루 속에 4년을 보냈다. 유지비행을 한다는 것은 실제로 어려운 상황이었다.

한국 공군의 주력기인 팬텀기와 최근에 도입한 최신예 전투기 F-16D를 직접 조종하며 지휘하던 그 나날들 그 장쾌하고도 남아다웠

던 비행단장시절 에는 1주일에 한번 씩은 꼭 비행을 했었다. 그 후 정
책분야에 몸담았던 4년간은 줄곧 비행하지 못했다. 그러다 전역을 결
심하게 됐다. 그리고 보니 4년 만의 첫 비행이면서 마지막 비행이 된 것
이다.

아내는 새벽 일찍 일어나 오랜만에 조종복을 꺼내 이미 깨끗하게
다려 놓았다. 빨간마후라와 함께 옷걸이에 걸려 있는 조종복, 그 양 어
깨에 박혀 있는 두 개의 별, 그리고 가슴에 달린 명찰과 조종 흉장, 젊
은 시절 매일 작업복처럼 입고 출퇴근하던 이 조종복을 이제 4년만에
그것도 마지막으로 입는다 생각하니 마음이 저려오고 공군을 떠나는
구나 하는 섭섭함이 끝내 가슴을 친다.

"당신, 오랫동안 비행 안 했는데 괜찮아요? 불미한 사고라도 나면
모두가 어렵게 되니까 조심하세요."

전날 밤 비행지침서와 계기판 그림을 놓고 숙지하는 내 모습에서 다
소 불불안을 느꼈는지 마지막 비행계획에 내키지 않는 표정을 지어 보
였다. 사실 그렇다. 30년 가까이 안전비행 기록을 가진 나로서 개인의
욕망이나 감정 때문에 사소한 비행사고라도 난다면 그야말로 도로아미
타불이다. 그러나 이것은 마지막 비행이다. 나에게만은 큰 의미가 있는
것이다. 하고 싶은 비행은 미련 없이 다하리라. 안전하고도 완벽하게….

마지막 비행을 하게 된 C기지는 최근에 다듬어진 최정예 비행단이다.
F-16과 팬텀기가 전개되어 있는 한국 공군의 최강부대이다. 단 본부에
들어서니 비행단장인 李 장군이 손을 잡으며 반갑게 맞아 주었다. 우
리는 팬텀기를 20여년이나 함께 탔다. 서로 꼬리를 물려고 온갖 기술

을 다하며, 공중사격에서의 우열을 겨루며, 함께 호연의 기를 나누며, 이끌고 따르며 후배 조종사를 양성하면서 형제 이상으로 끈끈하게 살아왔다. 내가 소장으로 ○○전투비행단을 지휘하고 있을 때, 그는 부단장으로서 나를 보좌하면서 함께 부대를 지휘, 관리했다. 그리고 그 해, 그는 장군으로 선발되었다. 하늘에 살면서 하늘의 자기 별을 딴 것이다. 그리고 지금 비행단장이 되어 나를 반겨준 것이다.

전방석에 앉게 된 기쁨

지금 나는 그가 지휘하는 최강의 전투비행단의 환영을 받으며 그의 지휘부로 안내 받고 있다 생각하니 퍽 감회로웠다. 이윽고 시동을 걸자 비행기는 생명을 얻었다. 지상의 모든 활주 및 이륙 전 점검을 끝내고 관제탑에 교신을 하고 지상활주와 이륙허가를 받았다. 비행단 주무참모들, 작전참모, 비행대대장, 정비과장, 일선정비사들이 나와 비행을 지켜보고 있었다. 설마 내가 전방석에서 비행하리라 생각은 전혀 하지 못하고 있었다. 후방석의 교관은 한마디도 하지 않았다.

내가 요구하고 확인하는 것만은 확실히 인터폰으로 재확인해 들어왔다. 사실 4년만의 비행을 마지막으로 하는 심경은 나만의 기분이지 모두 두렵게 지켜보고 있었다. 관행을 깨고 전방석 비행을 허용한다는 것은 지휘관으로서도 쉽지 않은 결심이다. 단장은 나에게 전방석을 허용한 것이다. 전날 비행편조를 구성할 당시 안전 관리를 위하여 작전참모와 안전참모가 나를 후방석에 탑승토록 스케줄을 건의했을 것이다. 나는 스케줄보드에서 내가 후방석임을 발견하고 잠시 생각에 잠겼다.

짧은 시간이었다. 단장은 나의 심경을 꿰뚫고 있었다.

대대장, 박장군님을 전방석으로 바꾸도록. !

그리고 나를 쳐다보았다. 우리는 미소를 지었다.

사람을 알아보는군.

나는 마음속으로 그의 그릇을 헤아리면서 비행장구를 갖추기 위해 장구반으로 갔다.

오랜만에 입은 G슈트^{중력복}를 허리에 걸쳤다. 발목부터 양쪽 허벅지 위 사타구니 끝까지 닿는 지퍼를 잠그고 엉덩이와 허리에 끈을 당겨 코르셋 조이듯 꽉 조였다. 힐멧을 맞추고 산소호흡기 상태를 점검했다. 하루에 두세번씩 이렇게 반복하면서 비행하던 지난 날들, 도전적이고 패기에찼던 젊은 날들이 스쳐갔다.

브리핑을 마치고 나니 최종적으로 다시 기상보고가 있었다. 안개가 걷혀 현재 시정 2마일, 서해와 남해는 파도가 2m, 해수온도 생존 가능시간은 두시간, 운고는 높고 하늘은 맑았다.

비행은 계획했던 대로 11시 정각에 이륙했다. 1벽 노트에서 조종간을 당겨 기수를 들기 시작하고 1백 60노트에서 이륙됐다. 바퀴를 넣고 곧바로 FLAP(보조날개)를 넣었다. 상승속도 3백 50노트를 맞추며 급상승하면서 기수를 남으로 잡았다.

유난히 하늘은 넓고 높았다. 그리고 광활했다. 시위를 떠난 화살처럼 애기 팬텀은 거침없이 날았다. 조종간을 전후좌우로 힘껏 제치고 당기며 흔들어 보았다. 육중한 비행기가 내 수족처럼 경쾌하고 민첩하게 움직여왔다. 다소 불안했던 감정이 싹 가셨다.

고향 상공으로 가자!

팬텀기를 처음 조종했을 때가 1969년 봄, 그 당시 16명의 한국 공군의 최우수 조종사들이 팬텀기 인수팀으로 선발되어 미국으로 갔다. 6개월 동안 아리조나주의 데이비스 만슨기지에서 비행교육을 받았다. 월남전이 한창인 때여서 미 공군은 주력기인 팬텀기 조종사를 급양성하기 위하여 특별 전환교육을 시키고 있었다. 우리는 그들과 함께 지상교육을 받았다. 언어의 한계로 어려움도 있었고 가난한 나라에서 왔기에 생활의 고통도 많았다. 나의 비행교관은 첫비행에 그랜드캐년을 향해 갔고 깊은 계곡을 누비며 조종기술을 과시했다. 그랜드 캐년의 계곡과 계곡 사이를 지나갈 때 나는 처음으로 지구 밖으로 나와 있는 착각을 느꼈다. 그리고 팬텀기를 그해 9월에 태평양 횡단비행으로 인수해 왔다. 우리 모두는 감격스러운 눈물을 흘렸다.

23년이 지난 지금 그때 그 비행기를 조종하면서 마지막 비행을 하고 있는 것이다. 먼저 고향으로 가자. 내 어릴 때 살던 그곳. 어버이가 묻힌 그곳. 그렇게 가고파 하던 고향땅으로 가자. 아주 작은 섬마을, 남해도. 그곳이 나의 고향이다. 내가 조종사가 된 것을 그렇게 자랑스러워하던 사람들. 지금은 늙으신 외조모님, 부모님은 이미 흙으로 돌아가셨다.

내가 남부기지에 근무할 때 남해바다 상공임무가 주어질 때면 임무공역이 고향 가까이에 있었기 때문에 몇 차례 고향 비행을 할 기회가 있었다.

두세 바퀴 돌면서 비행소리를 내면 모두가 박종권 비행사가 왔다고 읍내가 시끄러웠다. 그리고, 며칠을 두고 화제가 되곤 했다. 귀가 잘 안 들리시던 외조모님은 큰 비행소리에 버선바람으로 측담을 내려서서 비행기를 쫓으며 내 이름을 부르시곤 했단다. 너무 큰 비행소리에 동네 어미돼지가 새끼돼지 다 잡아 먹었다고 돼지값 물어 내라는 생떼에 곤욕을 치르시곤 했단다. 이제는 모두 가버린 사람들, 고향의 어릴 적 친구들도 대부분 섬을 떠났다.

비행고도를 낮추어 광양만을 우로 보면서 남해의 명산 망운산, 금산을 끼고 좌선회 고속으로 읍 상공을 지났다. 비행기 모습은 소리에 앞서가기 때문에 나는 한번 1백 80도 반전해 와야 한다. 그리고 후기 연소를 터뜨리면서 급상승했다. 참으로 후련한 고향비행이었다. 지나간 35년의 옛일들이 순간에 지나갔다. 긴 세월의 긴장감이 일순간 확 풀리는 듯 했다.

남해도 출신 첫 공사 입학생

나는 나의 고향에서는 공군사관학교 첫 입학생이다. 1967년 2월 초순 입학하던 날 배를 타러 노량으로 가는 읍내 버스 종거장에 남녀 재학생들이 한길 양편에 서서 환송을 해 주었다. 6개월씩 밀렸던 공납금도 학교에서 면제해주었다. 그 당시 사관학교는 진해에 있었고 면접시에 유난히 관심을 가지고 질문하던 책임 모병관이 대위였는데 학생이 입학한다면 남해의 유일한 첫 입학생이라고 했다.

1개월 후 합격통지서를 받고 학교 정문을 들어서니 공교롭게 그 모병관이 통지서를 접수했다. 그는 나의 이름을 외워두고 있었다. 박종권 메추리신입생을 1년간 메추리라고 부른다 입교를 축하한다하면서 손을 잡아 주었다. 시골학교 출신인 학생을 기억하고 이름을 호칭하는데 얼마나 놀랐는지 모른다. 그 분이 훗날 서울대학교 총장이셨고 국무총리를 하신 이현재 은사님이시다. 우리들에게 경제학을 가르쳐주셨고 주말 외출시에는 몇몇 생도들이 언제나 교관님 관사를 찾아가곤 했었다. 섬 남해에서 해군, 육군 입대는 쉬웠어도 공군 조종사가 되기는 쉽지 않았다.

오래전에 일본 조종사가 쓴 수기를 읽은 적이 있다.

「태평양 전쟁 말기 많은 우리 젊은 조종사들은 가미카제神風 특공대가 되어 제로센 전투기와 함께 육탄이 되어 미 해군의 전함과 항공모함에 돌진해 산화했다. 종전이 되자 평화주의자인 체하는 사람들, 반전론자들은 일본의 젊은 조종사들이 상관의 명령에 못이겨 인간폭탄이 되어 죽어갔으며 이 강요야말로 군국주의의 비인간적인 형태라고 비판했다. 나는 어쩌다 그 동료들과 함께 죽지 못하고 남아 그 당시 상황의 글을 쓰게 됐다. 부디 죽어간 영혼을 욕되게 해서는 안 된다. 갓 스무살 된 젊은 나이에 애기와 함께 몸을 던져 사라져 간 조종사들, 그들은 어느 누구의 강요와 강압에 못 이겨 죽어간 것이 아니라 풍전등화같이 위기에 몰려 있는 조국을 지키기 위하여, 남아 있는 내 어머니와 누이와 아우를 위하여 기꺼이 죽어간 조종사들이다. 설령 대부분이 강요에 죽어갔다 해도 몇 사람이 진정 나라를 위해 죽어갔다면 모두를 미화시킬 수도 있는 것을 대부분이 나라를 위하여 죽어간 그들이다. 그들의 잠들어 있는 영혼을 욕되게 해서는 안 된다」한 생존 조종사가 쓴 「태평양 공중 전투기」 책말미에 적힌 에필로그의 한 부분이다.

나는 자주 후배 조종사들에게 기회가 있을 때마다 『전투조종사는 기꺼이 나라를 위하여 부모 형제를 위하여 가장 먼저 장렬히 죽어갈 수 있는 사람들이 아니겠는가. 우리는 그러한 사생관死生觀을 가지고 살자』라고 설파하곤 했었다. 고향은 나의 혼이 담긴 곳이다. 이제 고향 비행은 끝났다.

후련하다. 급상승하니 파란 하늘이 가득 다가왔다.

나에게 주어진 비행 허용시간은 1시간 10분. 지금 시간은 이륙한 지 30분이 지났다. 사천비행장을 지나 대구비행장으로 향했다. 사천비행장 상공은 훈련기가 많이 날고 있었다.

한강 백사장 에어 쇼의 기억

초년병 시절 나는 기법을 겨우 알았을 때, 멀리 비행드 할 수 없었지만 주로 진주를 끼고 남강과 모래사장 주변을 많이 돌았다. 주달 외출시에 남강다리 밑을 비행할 수 있을까 하고 날개의 폭과 다리의 폭을 재어보고 하던 때가 생각났다. 안창남 비행사가 한강다리 밑을 지났다는 옛 이야기가 그렇게 위대하게 들렸다. 욕구는 강했지만 결코 그런 기회는 오지 않았다.

대구로 가는 길목 낙동강 하류에는 황소불알 형상의 하구가 있어서 언제나 대구 기지를 찾아오는데 좋은 참조물이 되어 주었다. 멀리 대구 기지로 접근하면서 연료탱크 스위치를 외부연료에서 내부연료로 바꾸었다. 그리고 대구관제탑을 호출하여 저고도 비행 허가를 요구했다. 대구 관제탑은 즉각 저고도 고속비행 허용을 응신해 왔다. 팬텀기를 인수했던 기지가 대구 기지. 많은 전투 조종사들이 사나이로서 빨간 마후라의 이미지를 마음껏 발산하던 곳이 대구였다.

4년 전 이 기지의 지휘관으로서 F-16과 F-4 팬텀을 직접 조종하면서 조국 영공의 전위부대로서 사명을 다하던 그때 그 지휘관, 참모와 장병들을 어찌 잊으랴……. 나는 관제탑과 단 본부 사이를 고속으로 통과했다. 참모들은 엄청난 저공비행 소리에 깜짝 놀랐을 것이고 단장은 어느 놈이 저렇게 무례한 비행을 하는가 누군가 즉각 보고지시를 내렸을 것이다.

그리고 그것이 나인 줄 알았을 때는 그 사람만이 그런 짓을 할 수 있는 사람이라고 생각하겠지, 벌써 애기愛機는 팔공산 산허리를 자르면서 레이더 사이트 옆으로 날쌔게 날아갔다.

사천만의 불침번이여, 영광이 영원하기를…. 벌써 이륙한 지 40분이 지나고 있었다.

연료도 반 정도 소모했기 때문에 전투 기동하기에 아주 좋은 상태였다. 나는 전수공역으로 진입해갔다. 그래서 자유롭게 마지막으로 항공기를 다루어 보는 것이다. 모든 기동을 여한이 없도록 다하고 가리라. 60년대 말까지 공군은 에어쇼와 공군력 과시를 한강변의 백사장에서 했다. 나는 최연소 조종사로서 에어쇼팀에 선발되었다. 자랑스러운 선발에 흥분되어 잠을 못 이룰 정도였다.

두 명의 중위가 있었는데 한 사람은 나의 동기생인 즈근해 중위^{지금은 공군 대장으로 공군 참모총장이다}였다. 그는 편대의 2번기 나는 단독비행 조종사였다. 참으로 멋진 비행을 해냈다.

한강 상공을 50m 높이로 배면비행, 고속급상승 돌림비행, 급강하 돌림비행, 용공돌이, 횡전비행, 8각 회전비행 등 지금 생각해도 중위였던 나에게 어떻게 그런 어려운 비행을 맡길 수 있었는지…. 나는 유감없이 그 어려운 곡예비행을 다 해치웠다. 우리는 비행 그 자체를 위하여 태어난 사람들 같았다. 그 당시 팀 리더는 사관 출신이 아닌 맹동섭 중령이었다. 아직도 대한항공에서 활약을 하고 있을 것이다.

가장 높이 날아 가장 멀리 보았다.

후방석의 교관은 내가 과거 빨간 마후라 영화 지원을 한 장본인인 줄은 몰랐을 것이다. 특수비행을 하려 하니까 비행제원과 주의사항을 인터폰으로 알려왔다.

곡예비행은 LOOP^{용공돌이}부터 시작되었다. 팬텀기의 가장 기동성이 좋은 고도는 8,000~12,000만 피트이다. 500노트 증속하여 고도 10,000만 피트, 10도 강하각에서 LOOP를 시즈하였다. 정점에서 20,000만 피트, 속도 200노트 감속, 180도 방향전환한 후 배면에서 다시 하강, 중력 4G로 당겨 원자세로 돌아왔을 때 원고도 10,000만 피트, 속도 500노트, 완벽한 조작이었다. 배면비행도 했다. 배면비행은 고도가 높으면 어렵다. 낮추면 쉬우나 경험없는 조종사는 감히 고도를 낮추어 배면비행을 못한다. 횡전, 급선회, 8각 횡전, 임맬만 턴, 샨델,

느린 8자비행LAZY-8을 하고나니 내 스스로 전투조종사였었구나 하는
느낌이 들었다.

이제 남은 연료는 돌아갈 연료다. 항공기 전체 점검을 했다. 엔진계
기 이상 없음. 오일, 유압, 압력치 이상 없음. 조종계통 1번, 2번 정상
임. 연료 5,000파운드, 앞으로 비행가는 시간은 40분. 그러나 20분 내
착륙 계획이다. 산소호흡기 레버를 100% 산소에 놓았다. 주파수도 관
제탑에 맞추었다.

가장 높이 날아 가장 멀리 보려 했던 한 마리의 갈매기 조나단, 나
는 그 새를 좋아했다. 우리는 태어날 때 그저 먹고 마시고 떠들며 잠자
기 위하여 태어난 것이 아니다. 무엇인가를 추구하기 위하여 태어난 것
이다. 새는 새답게 날 수가 있어야 하는 법. 돛단배 주위를 맴돌며 어
부가 던져주는 빵조각을 해면의 송사리를 쪼아먹기 위해 날고 있는 것
이 아니라고 독백을 하면서 끝내는 동료들과 어울리지 못하여 추방당
하고 훗날 나는 기법을 익혀서 금의환향하는 「조나단 리빙스턴」그 한
마리 갈매기의 이야기는 자못 감동적이었다.

이제 여한이 없다. 마지막 비행을 했다. 고향비행도 했다. 그리고 마
음껏 전투기동도 했다. 작년 9월, 저 유명한 스위스의 산정 융프라우
정상과 그 아래 눈 세계, 그 주변의 호수를 닿을 듯 스쳤던 환상적인
비행도 오늘의 비행에 비견할 수 없다.

조종사로서 끝없는 하늘에 새처럼 날기를 무한히 도전했었다. 다

시 태어나도 나는 이 길을 걸어가리라 생각하며 화살처럼 허공을 가르며 기지로 향했다. 멀리 착륙기지가 보이기 시작했다. 이제는 고도를 낮추어야 한다. 산하가 선명히 근접해왔다. 패기 찬 애기를 데리고 이 조국의 산하를 누비던 그 시간은 영원히 가버리는 것인가.

아! 어느 때쯤 패기에 찬 애기와 함께 북만주 건너보며 두만강을 따라 초계비행을 할까.

조국통일을 염원하며 새벽 초계비행을 하던 지난 날들이 다시 스쳐간다. 그리고 많은 전우들, 빨간 마후라의 사나이들처럼 나 또한 사라져간다. 나는 스로틀 뭉치^{출력 조절기}에 붙어 있는 마이크 키를 늘렀다. 그리고 외쳤다.

별무리를 향해 날아가리라

누가 너의 진실을 아는가

누가 너의 고독을 아는가

누가 너의 사랑을 아는가

그래서 그렇게 떼지어 날으는 불새들인가.

나는 헤아리노라

너 목덜미 붉디 붉은 빛깔에서

피보다 진한 망향을

태양처럼 치솟는 너의 생명을

그래서 너를 빨간 마후라라 이름했다.

나도 이 황량한 길을 함께 날아가리라

태양을 향해 별무리를 향해

높이 높이 날아가리라

그리고 찬란히 떠오르는 내일을

너희 불새들과 함께 맞으리

나의 독백은 허공을 타고 멀리멀리 번져갔다. 이제 가슴이 메어 와 더 비행을 할 수가 없었다. 착륙허가를 받으면서 기지 주변을 한 바퀴 돌았다. 마치 고향을 떠나는 이방인 처럼……

이제 완벽한 착륙을 하리라. 1,000피트 제한지에 접지시키되 착륙 속도는 최적속도에 맞추고 비행자세는 AOA^angle of attack 11.5도에 맞추는 것이다. 이렇게 완벽한 착륙은 일찍이 없었다. 육중한 팬텀기는 가볍게 거울에 미끄러지듯 접선으로 바퀴회전을 헤아리듯 착륙했다. 감속 낙하산을 폈다. 브레이크는 정상적으로 먹었다. 모든 것이 정상이었다.

애기 팬텀은 주기장으로 들어섰다. 단장 이하 참모들이 나와 나의 마지막 고별비행의 안착을 가슴 조이며 지켜보고 있었다. 엔진을 껐다. 갑자기 정적이 몰려왔다. 나는 좌석 좌우에 있는 전투용 거울에 내 모습을 비춰보았다.

빨간 마후라가 목 둘레 밖으로 삐져 나와 있었다. 조종복 앞가슴과 어깨는 땀으로 흠뻑 젖어 있었다. 나의 군인으로서의 공직생활은 사실 여기서 끝맺었다. 헬멧을 벗으며 하늘을 쳐다보았다. 하늘 바람을 따라 겨울구름이 멀리 흘러가고 있었다. 나의 마지막 비행은 이렇게 해서 끝났다. 나의 인생, 나의 하늘에서의 꿈은 이렇게 해서 매듭이 되었다. 활주로 주변 마른 갈대가 바람결에 흔들리고 있었다.

1991.겨울

팬텀기 40년의 애환

I 팬텀기를 갖기 까지

팬텀기는 우리의 소원

우리가 팬텀기를 갖게 되기 까지 숱한 이야기가 숨어 있다.

한국 공군이 팬텀기를 보유하게 된지가 40년을 넘는다. 그 중에서도 최신 모델인 F-4E 만을 남겨 두고 F-4D 형은 기체 수명의 한계로 퇴역을 하게 된다니 그 당시 최첨단 최신예 전투기였던 F-4D 팬텀기를 인수했던 16명의 조종사 한 사람으로서 그 애환이 남다르다.

"뒤를 돌아서 멀리 볼 수 있다면 앞을 향해서도 그 만큼 멀리 볼 수

118 | 하늘에 산다

있다. 이 말은 세계 2차 대전을 승리로 이끈 20세기의 위대한 정치가
요, 오늘의 대영제국을 있게 한 윈스턴 처칠 경이 남긴 명언이다.

한때 팬텀기는 한국공군의 주 전투기로서 그 동안 북으로부터의 전
쟁을 억제해 왔다. 지난 해 6월 그 팬텀기의 퇴역식이 있었다. 만감이
스쳐간다.

우리는 그 전폭기가 지녔던 국가안보의 전략적 의미가 얼마나 컸으
며 그 전폭기를 어떻게 확보하게 되었나 그 역사적 배경을 알지 못하고
는 국가지도자의 고뇌와 팬텀기 조종사들의 우국 충정을 모두 이해할
수가 없을 것이다.

1960년대 한국의 안보는 북의 다양한 대남 공격으로부터 위태로웠
다. 이런 상황속에서 우리는 베트남에서 한미 동맹이라는 명분을 내세
워 월남전을 함께 치루어야단 했다.

1967년 10월, 월남전 추가파병요청을 위해 미 대통령 특사로 사이
러스 벤스 국무차관이 왔다 파병 협상 조건은 한국이 원하는 군사원
조를 충족시켜 준다는 내용이었다.

정치권에서는 용병이라면서 월남 파병을 결사 반대했고 정부는 미
국의 월남 파병 요청도 거절할 수가 없었다. 미국은 월남 파병요청을
거절하면 주한미군을 월남으로 옮기겠다는 미국의 강압적 추가 파병
요청에 한미 동맹국으로서 최선의 선택이 월남 추가 파병이었다. 1개

창공의 서사시 | 119

사단 병력 요청의 대가로 국군 현대화 작업에 필요한 3억 달러를 요청했고 반스 특사는 1억 달러 정도는 가능하다고 하여 줄다리기가 진행 중이었다.

주한 미군을 붙들어 두고 파병 대가로 3억 달러로 국군을 현대화하겠다는 것이 한반도 안보와 자주 국방으로 가는 최상책이라 박정희 대통령은 그렇게 판단한 것이다.

이러한 정치적 안보상황에서 1968년 1월 21일 김신조 청와대 습격 사건과 1968년 1월 23일 원산 앞 바다에서 푸에블로 정보함 남치사건이 동시에 일어나는 사건이 발생했다.

당시 세계 열강이 주목하는 F-4C/D 전폭기를 가진 나라는 미국, 영국 , 이스라엘 뿐이었다. 일본 자위대도 갖지 못했었다. 그런 전폭기를 갖게 되는 급변적 상황이 한반도에 도래한 것이다. 이 예상치 않은 불행한 사건으로 우리가 협상의 주도권을 갖게 된 것이다.

월남전의 구정 공세가 격심했던 그 당시 한국 공군력의 주력기는 F-5A와 F-86F 세이버 전투기 뿐이었다. 그래도 공군은 실전의 좋은 기회라고 판단, 1개 전투비행대대 파병이 준비되고 있었지만 결국 대북 억지전력으로 공군은 남아서 나라를 지켜야한다는 우국의 여론 때문에 끝내 전투기 조종사들은 월남 파병을 하지 못했다.

낡은 C-54 수송기로 월남파병의 공수지원을 담당했을 뿐 한국 공군의 주 전투력은 3,000만의 불침번의 이름으로 주한 미 공군의 주력기 전투기인 팬텀기와 함께 대북 억제력으로 남았다. 대신 팬텀기 갖기를 염원했던 것이다.

당시 군부와 유신체제에 저항했던 일부 민주화 세력들이 월남파병을 용병이라 무책임한 정치 발언들을 했지만 월남전에 한국이 한미동맹의 일원으로 파병을 하지 않으면 주한 미군을 뽑아 내겠다는 미국의 강경한 파병요청을 받아들이기까지 고 박정희 대통령의 고뇌는 깊었을 것이다. 장차 자주적 국방으로 가는 위대한 결단이요, 선택이었다.

공군 본부는 무기획득 목적상 공군 증강 5개년 계획에 F-4D 도입 계획을 갖고는 있었지만 합참이나 국방부 입장에서 볼 때 공군에 현존 전력인 F-5A를 추가 도입해서 지상군 지원을 위한 근접지원 작전용 전투기에 관심이 있었을 뿐 전쟁 지도부와 종심 깊은 전략 요충지를 강타 할 수 있는 F-4 팬텀기 도입은 그 당시 상상도 못할 때였다.

설혹 F-4D를 구매하려 했어도 미국은 정책적으로 팔지 않는 그런 최신 전략 폭격기였다. 시대적 상황이 공군력 현대화 계획을 최소 10여 년 앞 당긴 셈이다.

그 당시 월남전에서 제공권을 장악했던 미국의 해 공군의 주력 기였던 팬텀기를 단 1년 내에 대한민국이 특별한 미국 군원으로 1개 대대 분을 공급한다는 파격적인 약속을 받아 내게 된 배경에는 한반도의 전쟁 발발 위기상황으로 몰고 간 2가지 사태가 결정적 역할을 했다.

그 당시 긴박했던 상황 하나였던 1968년 1월 21일 북한의 특수부대 청와대 기습사건과 1월 23일 원산항으로 끌려 간 프에블로 미 정보함 피납사건 이 두 사건이 거의 동시에 발생하여 한미간의 갈등과 이해관계가 맞 물려 한반도를 전쟁 위기 상황으로 몰고갔다.

한국의 입장에서는 김신조 일당의 청와대 기습사건을 두고 북한과 전면전을 각오해서라도 바로 응징보복을 해야 했고 미국의 입장에서는 북한을 위협과 협상으로 푸에불로 피납자 78명을 조기에 구출해야 했다.

만약 한국측의 단독 응징보복이 전쟁으로 비화할 경우 동시에 2개의 전쟁을 감당키가 어렵다고 판단해서 기필코 한반도에서의 전쟁은 막아야 했다.

피납된 푸에블로 승조원 78명 구출을 위해서 미국이 무력 행사도 불사한다는 배수진으로 항공모함 두 척을 원산만으로 배치했지만 협상을 위한 배수진이지 전쟁을 할 수는 있는 상황은 아니었다.

한국은 미국이 한국을 배제한 채 북한과 직거래한 것에 미국을 불신했고 주권국가로서 독자적으로 청와대 기습사건에 응징 보복을 감행하려 했다. 이에 반대하는 미국정부에 주한미군을 굳이 철수하려 한다면 애걸하지 않을 것임을 분명히 했다.

대통령의 특명에 따라 공군은 전쟁을 각오하고 응징 보복작전을 준비했다. 1차 보복목표는 의주에 있는 폭격 사단이었다. 전투기는 F-5A

로 결정했다. 행동반경이 짧은 F-5A전투기에 그나마 보조 연료 탱크를 자리에 까지 폭탄을 만재하고 24시간 대기했다.

이 보복 응징작전이 전면전의 도화선이 되면 선제 공격으로 전 공군의 전투기가 기 계획 된 북한 비행장을 일순에 강타 제공권을 확보한다는 것이 기본 계획이었다.

당시 임무편대는 필자가 소속되어 있었던 수원에 위치한 공군 제10전투비행 전투비행단 최정예부대 102대대였고 출격 조종사는 극비로 지명됐다.

국가 통수권자의 GO, NO-GO 결정만을 기다리며 공군은 참모총장의 전쟁 준비지침으로 비상 상황에 돌입했다. F-5A전투기로는 전투행동반경이 너무 짧아 초전출격 편대는 전방 기지로 전진 배치되어야 했다. 이러한 응징 보복계획의 준비는 그 후 1983년의 아웅산 사태 때에도 극비에 진행되었다. 이때는 팬텀기로 준비했지만 결국 실행되지 못했다.

미국에서 볼 때 심각한 문제는 억류된 부크 함장을 포함해 78명의 미군을 푸 에블로와 함께 안전하게 귀환 시켜야 하는 문제이고 전쟁으로 갈지 모르는 한국 독단의 응징 코복작전을 막아야 하는 진퇴양난의 국면을 맞은 것이다.

한반도 전쟁을 막기 위하여 존슨 대통령의 특사로 사이러스 밴스가 다시 왔으며 두 차례[2.12~13]박정희 대통령을 만났다. 그는 훗날 카터 정부의 국무장관이 되었으며 그의 회그록에서 당시 존슨 대통령의 주문은 '박pak이 북침하는 것을 막아라'라는 것이었다고 기술하고 있다. 그 때 양국간의 입장차이와 긴박했던 안보 상황을 감지할 수 있는 대목이다.

이 대목에서 보면 박정희 대통령의 강력한 대북 보복 의지를 막기 위해서는 특사가 가지고 온 보따리를 다 풀어야 했다. 반스 특사가 빈 스가 되어 돌아 갔다는 일화가 그 당시 박정희 대통령의 결연한 의지를 엿보게 한다.

한반도에 전쟁이 발발한다면 베트남전쟁이 진행되고 있는 상황에 서 한반도에서의 제2전선은 미국으로서는 정치적 전략적 부담과 세계 안보에 무리가 크게 있음을 존슨 행정부가 판단한 것이다.

월남전에 한국군의 증파를 더 요구해야 하는 상황에서 박 대통령 의 독자적 북침과 주한 미군의 무용론철수론까지 서슴지 않는 상황이 전 개되자 회유책으로 박정희 대통령에게 한국군 전력 증강을 위한 특별 군사 원조 1억불을 지원하겠다고 약속한 것이다.

박 대통령은 분노를 삼키며 일단 응징 보복계획을 유보해야만 했고 결국 특별 군사원조 1억불을 받았다. 대신 무기 구입 우선 순위 결정 을 우리스스로 할것을 제안했다. 장차를 대비한 응징 보복력과 전쟁억 제력의 핵심 전력인 팬텀기를 요구한 것이다.

미국은 팬텀기는 한국공군이 운영 할 수 없는 비행기라는 이유로 반대했으나 결국 미국이 한국의 요구를 받아들일 수 밖에 없는 상황이었다.

국가 지도자 박정희 대통령이 보여 준 국가이익과 국가안보를 위한 강력한 의지 표출과 결단의 진면목이라 할 것이다.

양국 간의 합의사항에 따라 이해 일사천리로 8월 한미 국방장관 회의가 최초로 워싱턴에서 있었다. 여기서 팬텀기 도입과 나머지 각군에 배당된 사용에 대해 구체적 양해각서가 작성되었다.

팬텀기를 인수해 온 사람들

박정희 대통령의 결단으로 한국 공군이 팬텀기를 갖기에 이르게 되자 공군에서는 누가 그 팬텀기를 인수해 올 것인가가 초기의 관심이 됐다. 선발에 선발을 거쳐 전방석 조종사 8명 후방석 조종사 8명 드합 16명이 선발되었다.

그 해 10월 한국 공군의 최고 조종사 16명 중 후방석 요원 8명이 먼저 미국으로 떠났다.

16명의 조종사 선발의 기준은 이러했다.

공군본부의 기본 지침은 전방석 요원 8명과 후방석 요원 8명을 선발하되 계급별로 안배할 것. 전방석 조종사는 소령급 이상 후방석 조종사는 대우 이상, 애국심 강하고 비행능력이 탁월하며 선발에 앞서 영어 능력평가를 거쳐 기본 자격 대상을 1차 걸러냈고 계급별토 각 비행단 지휘관이 추천한 조종사를 대상으로 공군본부 선발 위원회에서 최종 선발했다.

창공의 서사시 | 125

선발된 긍지와 감동은 평생동안 잊을 수가 없다.

선발된 조종사들 그 후 팬텀기와 함께 하늘에서 운명을 같이 했다.

인수 요원 16명 중 10월에 먼저 떠난 후방석 요원 8명은 3개월 간의 항공 전문 용어교육을 택사스주 안토니오에 있는 Lackland 공군기지에서 받았다.

그 후 팬텀기가 있는 목적지인 Arizona주 Tucsan에 위치한 David −Monthan 공군 기지로 갔다.

그곳에서 6개월 간의 눈물겹고 혹독하고도 철저한 비행훈련을 받았다.

후방석 조종사로서 익혀야 할 전문교육을 먼저 받는 도중에 전방석 요원 8명이 도착했다. 전후방석 요원 16명이 짝을 지어 지상교육과 비행교육을 받았다. 한국에서 100여명의 정비지원 요원들도 뒤따라 왔다.

1969년은 월남전이 한창이던 때여서 우리를 지도했던 비행교관들은 월남전에 참전했던 최고의 베테랑급 조종사들이었다.

미국서 팬텀기 기본 훈련을 마치자 후방석 요원 8명은 모든 교육자료와 전쟁교리와 보조자료들을 가지고 먼저 귀국해 부대 창설를 준비했다.

전방석 요원 8명은 교관 교육을 위한 추가 비행을 마치고 미공군의 공중급유를 수차례 받으면서 태평양을 횡단해 왔다. 역사적 사건이었다.

교육을 마치고 고국으로 돌아오던 그 환희와 감동, 팬텀 공군의 주역이요 산실을 맡았던 그 긍지와 열정이 오늘날 우리들 모두에게 자부와 명예를 한국 공군에게는 억제력을 갖게 했고 우주로 향한 공군이되게 했다.

그 날 팬텀기 도입 환영식에는 국방장관과 주한 유엔군 사령관 겸한·미연합 사령관이 직접 대구에 내려와 한국공군의 비약적 도약을 경축했다.

드디어 도입한 팬텀기를 운영할 최초의 비행부대를 대구기지에 창설했다. 1969년 9월 23일의 일이다.

제151전투비행대대라 명명했고 대대 창설의 이 뜻 깊은 행사에는 박정희대통령이 직접 임석하여 감격스러운 격려사와 '자주국방'의 전위 팬텀공군'이라는 휘호를 내려 주셨다.

이렇게 해서 한국 공군이 세기적인 전투기요 폭격기 팬텀기를 아시아 국가로서는 최초로 갖게 되었다. 참으로 감격의 순간이었다.

그 해 10월 1일 국군의 날에 한강에서 대통령을 모시고 100만이 넘는 국민의 뜨거운 박수 갈채와 환호를 받으며 팬텀 공군의 위용을 만방에 과시했다.

국립 현충원 옆 한강이 내려다 보이는 명수대가 대통령과 3부 요인을 모신 본부석이고 사열대였다.

그로부터 40년이 지났다.

건국 60년을 지나 군도 60년을 맞았다. 오늘의 공군은 불모지대에서 이룩한 위대한 과학의 상아탑이라 할 수준으로 발돋움했다.

그 동안 팬텀기를 주축으로 그 누구도 범할 수 없는 날쎄고 막힘이 없는 억센 날개로 대한민국의 영공을 지켜 왔다.

그 속도는 마하 2.4로 오늘날까지 그 이상의 빠른 전투기도 없다. 북으로 북만주와 동으로 독도를 지키고 서로는 황해와 중국을 넘어다 보는 눈과 발을 가진 전투기다.

가장 높이 날아 가장 멀리 볼 수이었던 20세기의 명품 전폭기였다. 그 억센 날개를 이제 서서히 접다니, F-4D 팬텀이여 그 이름 영원하여라.

팬텀기 40년의 애환

40년을 되돌아 볼 때 참으로 대단한 전폭기를 대한민국 공군이 가지게 된것이고 이 전폭기를 인수하려 태평양을 건너가는 그들의 각오와 결의는 글로써 표현이 쉽지가 않다.

부여된 임무를 위하여 불기둥을 내뿜으며 활주로를 떠나는 팬텀기의 위용을 바라보고 있노라면 내 스스로 팬텀기 조종사인가? 하는 자문을 하리만치 장엄하다. 특히 야간 비행시 이륙하는 팬텀기를 보노라면 엔진에서 분출하는 두줄기의 불기둥은 우주를 향한 로케트의 발사 장면보다 더 장엄하다. 그들의 애국심과 호국정신은 그 불기둥 보다 더 뜨겁고 붉었다.

누가 그들의 우국충정을 진실되게 알겠는가?

그 40년간 조국 영공의 불침번역을 자랑스럽게 영광스럽계 한 점 부끄러움 없이 팬텀기를 조종했던 빨간 마후라의 사나이들, 그들의 출격은 밤과 낮을 가리지 않았고 어떤 어려운 임무들도 제일 먼저 감내하고 성공적으로 수행했다.

최초 18대의 팬텀은 한때 150여대로 까지 증강했다.

가난했던 우리 국민은 핀텀기를 더 갖기 위해서 초등학교 어린이까지 방위성금을 모았다.

그 방위성금으로 월남전에 참전했던 중고품 F-4D을 사들였다. 그 후 율곡 계획에 힘입어 최신형 팬텀기 F-4E 3개 대대를 추가 도입했다.

나는 팬텀기 인수 요원 16명의 한 사람으로 후방석 조종사에서 전방석 조종사로, 편대장, 시험비행 조종사, 최신형 F-4E 비행대대장을 거쳐 비행단장에 이르기까지 팬텀기와 수많은 애환을 같이 했다. 40년의 긴 세월 동안 수백 명의 팬텀기 조종사가 양성되어 하늘을 지켰다.

그들은 KF-16D와 F-15E 최신예 전투기를 조종하는 현대화 공군의 초석이되고 주력이 되었다.

그동안 많은 희생도 있었다.

새로운 과학의 문명 앞에서 예견치 못했던 사고로 여러 전우가 사라져 갔다. 팬텀기 조종사로 작전 중 순직한 아버지를 따라 그 아들이 조종사가 되고 그 또한 팬텀기로 순직한 사고 소식은 그들의 가족을 통곡케 했고 우리 모두의 가슴을 찢었다.

우리 모두의 사생관은 그러했다. 세월이 가면 전투기도 빨간 마후라의 사나이들도 다함께 사라지는 것이 세상사 정리가 아니던가? 낙이

불음樂而不淫하고 애이불상哀而不傷이라 스스로 자중자애 하면서 살아 온 그들이다.

이미 이 길을 선택했을 때 각오했던 우리들만의 길이었다. 우리가 눈물을 흘렸을 때는 애기와 함께 돌아오지 못한 동료의 죽음에 대한 애도의 눈물이었다기보다 순직한 동료의 사랑하는 아내와 자식들이 가련해서 내 일 같아서 한없이 함께 울었다. 언젠가는 닥쳐 올 나의 일만 같아서 신변을 늘 정리하면서 살아온 긴 세월이었다. 바닷물이 스쳐간 해변은 언제나 깨끗하듯, 내 주변을 관리했다.

1970년대와 80년대 팬텀기 조종사들은 1주일에 3일은 비상대기실에서 밤을 새웠다. 북의 간첩선의 침투가 잦았고 간첩 작전의 지침에 따라 전략 폭격기인 팬텀기는 간첩 잡는 주력기처럼 작전의 최일선에 출동대기를 했다.

모 기지인 대구에서 강릉, 군산, 수원 기지에 365일 1개 분대2대씩 최전방 기지로 비상 출동조가 파견되었으니 지휘관 참모와 임무조종사, 정비사, 무장사 등 지원요원들의 정신적 육체적 고통은 오죽했을까? 연중 휴무일도 없이 각 비행단은 교대로 취약시간대에 초계비행을 했다.

청와대 기습 사건에 대한 응징보복을 하지 못하고 그 대가로 받았던 세기적 전폭기를 대 간첩 작전의 주력으로 전락해야 했던 합참의 전력 운용개념도 지적이 되기도 했다. 그러나 야간 작전에 특별한 대안이 없었다.

이제는 그런 식으로 공군력을 운용해서는 안된다. 전쟁억지의 중심 전력으로 전략적 공군으로 발전해야 할것이다.

공중 급유기만 있었어도 팬텀기 전력을 몇 배로 배가시킬 수 있었던 것을 아직도 공중급유기 한대도 아직 확보하지 못하고 있는 현실은 참으로 안타깝다. 응징보복과 전쟁억제를 위해서 확보한 전투기들 F-4E, F-16D, F-15E 등 현존 최신 전력을 몇 배로 발휘할 수 있도록 하루빨리 공중 급유기의 도입으로 현존 전력에 장거리 타격능력을 신장시켜야 할 것이다.

한때 방위성금으로 팬텀기를 사들였다. 조종사들은 내 목숨처럼 아끼며 팬텀기를 몰았다. 동체에 방위성금 헌납기라 사겼다.

방위성금에 감사하고 애국심으로 보답하기 위해 5개 도시에 방위성금 헌납기 편대로 감사편대 비행을 한적이 있는데 소외된 제주시에서 항의가 왔다. 제주시에는 필자가 직접 편대장이 되어 당시 새로 만든 제주도 5·16 도로를 일주한 후 제주시 상공을 초 저공으로 엄청난 비행 굉음을 내며 감사비행을 했다.

새벽의 초계비행, 심야의 야간 비행, 4,000만의 블침번이라 했던 전천후 전폭기, 해마다 승진 사격장에서 한국 공군력의 위력을 유감없이 과시하여 국민의 신뢰를 받았던 팬텀기에 정열을 다바친 정비사들과 무장사들, 많은 지원요원들이 오늘도 활주로를 떠난 전투기를 기다리고 있다. 그들의 사명감과 애국심을 대한민국의 국민인 우리 모두가 잊

어서는 안된다.

팬텀기를 도입하면서 지나간 40년 동안 그들이 바친 피와 눈물과 땀으로 대한민국 공군은 그렇게 성장했다. 오늘날 KF-16D, F-15E로 선진국 수준의 비약적인 발전을 거듭했음을 인식하고 팬텀기가 남긴 교훈으로 현존 전력을 극대화시켜야 한다. 그리고 전쟁 억지력의 중심 전력으로 발전해야 한다.

역사의식을 가지고 우리가 스스로가 함께 남긴 팬텀의 40년 발자취를 되돌아 보고 소명의식을 새롭게 할 때 PHANTOM의 지난 이야기에 진정한 의미가 있다.

역사는 반복한다는 사실을 재인식하고 다가올 미래를 예측하며 국가안보 최적의 비전Vision을 가지고 용단하고 결단할 수 있는 사례가 된다면 한국 팬텀 공군 40년의 애환의 글은 회고의 글을 넘어 국가안보를 위한 결단과 교훈으로써 가치가 있다 할 것이다.

그동안 하늘을 지켰던 많은 전투기 조종사들은 새로 도입된 신예 전투기 F-16, F-15 기종으로 전환했고 현대화된 공군의 주역이 됐다. 더러는 전역후 대한 항공과 아시아나 항공등 민항에서 크게 활약하고

● **팬텀기 인수요원 16명 명단**

전방석 조종사 8명 : 대령 진치범공사2기작고, 중령 김인기공사3기, 중령 강신구조간6기 작고, 중령 김재수공사5기, 중령 이재우공사5기, 중령 이원순공사5기, 중령 한정근공사5기, 소령 박근태공사6기작고 후방석 조종사 8명: 소령 전춘우공사6기, 소령 이성복조간8기, 소령 강상원공사7기, 소령 서진태공사8기, 소령 안창명공사8기, 대위 임병배공사9기, 대위 박종권공사9, 박재현조간15기

있다. 그런 팬텀기가 F-4E 형을 남기고 D형은 모두 퇴역식을 갖았다. 때를 같이해서 팬텀 공군의 산실역이 되었다. 제151전투비행대대는 역사속에 묻혔다. 팬텀기와 함께 사라져 간 전우들, 지금 살아있는 팬과 톰의 사나이들, 우리가 함께 불렀던 하늘의 영가가 들리듯 하다.

2010.06.

팬텀기 40년에 애환

Ⅱ아리조나 하늘의 눈물

나는 아리조나 하늘에서 눈물을 흘렸다.

30여년 전투기를 조종하면서 눈물을 흘린 적은 없다. 전투기를 조종하는 동안 한번도 어머니나 사랑하는 가족들의 얼굴을 떠올려 본적은 없다. 긴장케 하는 책임과 의무가 두뇌를 지배했고 빠르게 연속되는 공간의 변화 그 고도와 속도가 온 몸을 짓 누르고 신경을 자극하고 있었기 때문일 것이다. 그런데 난생 처음으로 아리조나의 하늘 아래서 감격의 눈물을 흘렸다. 우리들 손으로, 아니 내 손으로 처음 팬텀기를 조종하여 아리조나의 하늘로 치솟아 오를 때 그순간 가슴에 벅차 오르는 감격으로 눈물이 헬멧 사이로 흘려 내렸다.

한국공군의 전투기 조종사 16명이 엄선되어 20세기 최고의 전투기 F—4D 팬텀기phantom를 처음 타기 시작한 것은 1969년 3월 초순경이다. 미국 아리조나주 투산Tucsan에 위치한 미 공군의 데이비스—몬슨 Davis,Monthan AFB 기지에서다.

그 당시 미국의 최신 주력 전투기가 F—4D 팬텀기였고 20세기 최고의 걸작품이었다. 항공모함의 주력기도 팬텀기였다. 동맹국인 영국과 이스라엘 공군이 가졌을 뿐인 선진 우방국 어느 나라도 갖지 못한 최신예 전천후 전투기였다. 그런 전폭기를 한국 공군이 갖게 된 것이다.

전술 핵 무기도 투하 할 수 있는 그런 전투기요 2차 대전시 동경을 융단 폭격을했던 B—29폭격기의 폭탄적재량에 버금가는 적재량을 달고 공중 급유를 받으면서 세계 어디던 공격할 수 있는 그런 전략 폭격기이다.

미 공군으로부터 원조받은 낡은 F—86F 세이버 전투기와 군원으로 받아 들인 F—5A 경량 전투기만을 타던 우리 조종사들이 팬텀기를 탈 기회가 올 수 있으리라고는 상상조차 못하던 그런 차세대 꿈의 전폭기를 직접 인수하기 위해서 16명의 전투기 조종사가 이곳에 왔으니 그 감회와 책임감과 사명감을 생각하면 지금도 가슴이 벅차 오른다.

데이비스 몬슨DM 미 공군기지는 전술공군 기지가 아닌 전략 공군기지다. 세계 1차 대전때 순직한 지역 출신 조종사 Davis 중위와 Monthan 중위의 이름으로 명명되었다. 지금도 4,000대가 넘는 그 동

창공의 서사시 | 135

안 퇴역 전투기와 폭격기들이 기지 한 모퉁이에서 재 출격을 준비 하듯 단정한 모습으로 진열되어 있다.

수 천대의 사막에 깔린 은빛 날개가 강렬한 태양 빛에 반사되어 차를 몰고 이곳을 처음 찾아 갈 때 수 백리 밖에서도 비행장을 쉽게 찾을 수 있었다.

DM으로 들어서자 우리 일행을 비행단장이 직접 나와 한국의 팬텀기 인수 조종사들이 왔다며 극진히 환영을 해 주었다. 월남전이 한창인 때였고 팬텀기 조종사 충원이 긴요했던 때이라 전국에 산재된 조종사들을 소집하여 팬텀기 전환교육을 전담하고 있는 이곳 DM기지에 우리가 합류된 것이다.

DM기지는 주변의 넓은 사막에 수많은 종의 선인장으로 채색되어 있었다. 구름도 비도 없는 365일 쾌청한 하늘 아래 팬텀기의 폭음으로 우리가 배속된 4454 비행단은 전운이 짙게 돌고 있음을 직감했다.

비행대대 교관들도 월남전의 출격경험과 MIG기를 격추 시킨 에이스ace 조종사들로 뒤섞여 있었다.

나에게 배당된 교관은 미 항공모함 해군 조종사로 1년 간 교환교관으로 온 Crook대위였다. 나이도 계급도 나와 같았다. 그래서 인지 해군티를 내면서 특출나게 처신하고 있었다.

첫 비행은 팬텀기 관숙 비행으로 시작되었다. 팬텀기가 어떤 전투기이며 미국이 어떤 나라인가를 필자에게 기억에 남게 해주려고 작심한 듯 전투기 조종사로서의 최고의 기량을 과시했다.

이륙하자마자 날아간 곳이 난생 처음 본 그랜드 캐년의 깊은 계곡이다. 그 깊은 계곡 사이를 눈 깜짝할 사이에 스쳐 빠져 나가면서 하늘로 수직으로 치솟았다. 난공불락의 요새를 침투해 가듯 하는 초 저고도 조종술과 그 대담성에 놀랐다. 나도 중위 때 한강에서 에어쇼 단독비행도 했지만 그의 조종술은 번개 같았다. 그 다음 날아간 곳이 선인장과 모래 사막의 불모지인 끝없이 펼쳐진 대지 사격장이다. 광활한 푸른 하늘이 전부였다. 그 하늘 아래서 팬텀기가 어떤 전투기 인가를 보여주는 것이었다. 일찍이 경험하지 못했던 20세기 최고의 명품을 보는 듯 했다.

우리가 조종했던 F-86F 세이버 전투기나 F-5A전투기에 비하면 최소 5배 이상의 출력을 가진 전투기다. 내가 조종하기에는 너무나 크고 무겁고 무기체계가 복잡해 위압감에서 한 동안 벗어나질 못했다. 팬텀기는 그런 전폭기였다.

첫 관숙 비행과 수차례 교관과의 동승비행을 끝내고 드디어 한국 공군 조종사만의 단독비행의 기회가 왔다. 8명의 전방석 요원과 8명의 후방석 요원과 짝지워 한 Crew씩 편조를 이루었다. 숙명적 만남이라 하며 특별한 관계가 되었다.

나와 짝지워 진 전방석 조종사는 3년 선배인 공사 6기생을 수석으로 졸업한 박근태 소령이다. 소장으로 예편 후 지병으로 애석하게도 지금은 고인이 되었다.

아리조나의 하늘은 언제나 티 없이 맑았다. 이날 감격의 눈물을 흘린 것은 나만이 아니다. 이날 팬텀기 8대가 한국 공군의 이름으로 10분 간격으로 이륙을 했다. 전방석 조종사는 전투기에 시동을 걸어 생명을 얻었고 나는 후방석에서 레이더와 항법장비에 필요로 하는 모든 자료를 입력했다. 드디어 지상 활주를 시작했으며 이윽고 관제탑으로부터 이륙 허가를 받았다.

우리 호출 부호는 팀 서열에 맞추어 ROKAF. 08^{Republic of korea air force 08}이었다. 단독 비행의 마지막 비행 편조다.

"ROKAF 08 Ready for take-off" 이라고 관제탑에 이륙 허가를 요청하니 즉각 응답한다. "Roger 08 Cleared to take-off" 드디어 이륙의 순간이 온 것이다.

이륙 허가를 복명하고 밟고 있던 브레이크를 풀었다. 그리고 출력기를 최대로 밀어 넣었다. 웅장한 팬텀기가 생명을 얻어 활주를 시작했고 양력을 얻어 대지를 박차고 하늘로 솟구쳤다. 아리조나의 푸른 하늘이 가득히 다가왔다. 높고 푸른 하늘이었다. 이륙 후 나는 생전 처음으로 벅찬 가슴에 눈물을 삼켰다. 그 순간이 너무나 감격스럽고 감동이 되어 이 순간에도 되살아나 다시 목이 메인다. 그날의 단독 비행에서 대부분 감격으로 눈시울이 뜨거웠음은 나뿐만이 아니었다.

그 후 실전과 다름없는 공중기동과 대지 사격 등 실전과 다름 없는 비정하리 만큼 엄격한 비행 훈련이 계속되었고 드디어 전투조종사가 되는 소정의 과정을 끝내고 감격스러운 비행 수료식을 맞았다. 한 사람의 낙오도 없는 3개월간의 비행 훈련이었다. 전방석 요원 8명은 교관

자격 획득과 태평양 횡단 비행을 위한 공중 급유 절차 등 특수 과정을 더 받았다.

수료식을 마친 그날 축하파티가 열렸다.

투산Tucsan은 주위가 사막지대요, 연중 비가 없어 건조하며 비행훈련 기지로는 최량의 기지이지만 내륙이라 바다가 먼 곳이다. 팬텀기가 특별한 임무를 띠고 해산물을 공수해 왔다.

팬텀기 한대가 켈리포니아 주도인 세크라멘트 공군 기지로 날아가서 산 프란시스코 어시장에서 신선한 생선과 굴을 대량으로 구입해서 외부 보조 탱크traveler pot에 담아 이륙하니 순식간에 영하 40도 가까운 30,000피트에서 냉동상태가 되어 화씨 100도의 더위임에도 신선도가 그대로다.

그날의 축하 파티의 감격. 그들과 맺어진 우정, 이들과의 인간적인 친교관계가 그후 한국 공군이 팬텀 공군으로 성장하는데 결정적인 도움이 되었다.

수료에 즈음해서 공군 참모 총장께서김성룡 공군대장 전 국회의원 미국 공식 방문중에 워싱턴에서 아리조나 먼 곳까지 날아와 김치파티를 크게 열어 주었다. 이 파티에 당시 공군 무관이 마종인 대령이었고 필자는 전체 팀장인 진치범 대령우리는 팀장을 대추장이라 호칭했다 을 앞세워 일본에 남아 있는 부모를 귀국길에 만날 수 있도록 청원을 했다.

당시는 참으로 어려운 상황이었음에도 총장의 승인을 받아 공군 무관이 워싱턴으로 복귀 한 후 특별 비자를 받아 특별 우편으로 보내 주셨다. 이 때 또 한번 감격허 울었다.

마침내 소정의 비행훈련을 마치고 후방석 요원 8명은 먼저 귀국하여 부대 창설을 준비했고 나는 1주간의 특별 휴가를 얻어 25년 만에 그립던 가족 방문을 할수 있었다. 나는 일본에서 태어나 성장한 유일한 전투기 조종사로서 홀로 계신 부친을 만나게 되니 그 감격이 어떠했겠는가! 1969년 5월이니 25년만에 집을 찾아 간 큰 기쁨이 있었다.

전방석 요원 8명은 교관 자격을 얻기 위해 추가 비행이 있었고 이 중 6명이 미 교관과 동승하여 팬텀기를 몰고 공중급유를 받으며 태평양을 건너 팬텀기를 인수해 왔다. 한국공군의 새 역사를 여는 순간이었다. 이 때가 1968년 8월29일이다.

한 달 후 제151전투비행전대가 창설했다. 그 때가 그 해 1968년 9월 23일이다. 이날 박정희 대통령이 직접 내려와 전대기와 −자주국방의 전위 팬텀 공군−이라고 쓴 휘호를 하사해 주셨다. 그 해 10월 1일 국군의 날이요, 공군의 날을 맞이하여 대대적인 공중퍼레이드와 화력 시범과 에어쇼에 도입된 팬텀기가 그 주역을 맡았다. 최초로 국민 앞에 선 보인 팬텀공군의 화력 시범과 저고도 고속비행의 위용은 장관을 이루었다. 그 후 국민이 모은 방위성금으로 F−4D를 추가로 사들였다. 그 후 최신 F−4E 2개 대대를 국방예산으로 도입 함으로써 막강한 팬텀공군으로 성장할 수 있었다.

나는 그 최신예 F−4E를 인수해 초대 대대장153전투비행대대이 되는 영예를 안았다. 수년이 지나서 그 비행단을 지휘하는 비행단장이 되었다.

회고해 보면 팬텀기 40년에 우리들 모두는 하늘을 날며 애환을 같이했다. 나의 인생이기도 했다. 우리가 F-4D 팬텀기를 인수해 와서 조국의 하늘을 함께 지켜 온 40여 년, 인고와 애환의 긴 세월이었지만 막중한 책임감과 사명감으로 팬텀기와 운명을 같이했다. 팬텀기를 띄운다는 그 긍지와 팬텀기를 탄다는 그 자부가 오늘의 우리를 있게 했고 자랑스럽게 했다. 팬텀기로 현대화 공군의 기수 역을 한 제151비행대대원 해체되고 대대기는 역사 속으로 밀봉됐다. 어느 따인가 제3 제4세대 전투기를 도입하는 그날 딜봉된 151비행대대기는 찬란히 새로운 태양으로 그 빛을 맞이 하게 될 것이다.

비록 F-4D 전폭기는 퇴역을 했지만 개량형 F-4E 팬텀기가 최신 주력기 F-15K, F-16D, F-5E 등과 어깨를 나란히 하여 그 전열의 모습을 새롭게 해 나갈 것이다.

우리는 팬텀 공군을 만든 주역들이었고 그 후 40여 년이 지났지만 아직 우리들 피 속에, 정열 속에 웅장한 기가 용해되어 흐르고 있음을 새삼 느낀다.

지축을 뒤흔들 듯 폭음과 진동 불기둥을 뿜어대며 대지를 떠나는 팬텀기의 특별했던 모습을 지금도 잊을 수 없다. 좁은 전투기 좌석 안에서 그들의 생명선이나 다름없는 좁고 긴 활주로를 응시하며 용광로보다 더 붉은 불기둥을 품으며 발진하는 전투기 조종사들의 모습을 회상하면 지금도 감동과 전율로 가슴을 저리게 한다.

2010. 0 6.
F-4D 전투기 퇴역식에서

알프스의 雪原 비행

나는 일찍이 저 유명한 스위스 산맥의 한 최고봉인 융프라우^{4158m} 산
정과 그 아래 설원을 스키로 질주하듯 낮게 초저고도로 비행한 경험
이 있다.

아마도 한국인으로서, 특히 현역의 신분으로 알프스 상공의 저공비
행을 직접 경험 하기란 쉽지않을 것이다. 유럽 지역에서 직접 비행했던
이 비행을 잊지 못한다.

아무도 닿지 않은 만년설, 그 위를 시위를 떠난 화살처럼 누비고 지
나간 초 저고도 설원 비행은 유럽의 조종사들도 일찍 없었을 것이라

했다. 세계 2차 대전 중 유럽에 참전했던 많은 연합군 조종사들은 전투 임무를 마치고 돌아가는 귀로에서 아름다운 산세와 들판을 거침없이 비행을 했었음이 여기 저기 기록으로 남아 있다.

태생적으로 조종사들은 저공비행을 좋아하는지도 모르겠다.

전투기가 아닌 경비행기도 돌풍이 넘나 드는 융프라우 정상을 향한 비행은 참으로 멋있는 비행이었다. 바로 그 아래 펼쳐지는 신천지와 같은 파노라마, 알프스의 장엄한 광경을 한 눈에 볼 스 있도록 만든 산정상의 관망대 '스핑크스'를 옆으로 닿을 듯 스치고 지나간 비행, 그랜드 드발트 지역 산 허리를 감고 돌아 가는 알파인들이 보내 주는 손 인사를 날개를 흔들며 나누었던 설원비행은 오랫동안 나의 비행생활 중 잊을 수 없는 신선한 추억 중 하나이다.

내 일찍이 상상 조차 할 수 없었던 그런 비행기회가 온 때는 합동참모본부 전략기획부장으로 활동하던 때인 1990년 9월 중순이었다.

그 무렵 스위스 제네바에서 영국의 국제전략 문제연구소 IISS가 주체하는 연례국제정치 학회가 열렸는데 나는 IISS의 준회원이기도 하지만 합동참모본부 기관회원 자격으로 정치학회 회원들과 함께 참석하게 됐다.

이 기회에 스위스에 있는 경 항공기 제작회사인 필라투스 항공사가 필자에게 시승의 기회를 준 것이다. 3일 일정의 공식 일정을 다치고 모두가 융프라우 관광을 가는데 나는 관광을 하지 않그 필리투스 항공

창공의 서사시 | 143

사의 특별 초청비행에 응하기로 했던 것이다.

스위스의 명산 몽블랑 정상을 멀리 바라보며 들어 선 필라투스 항공사는 필라투스산 언저리에 자리한 경항공기 제작회사였다. 이름도 지명을 따서 필라투스 항공사라 명명했단다. 이미 각국에 초등비행 훈련기 PC-7을 대량 생산하여 보급했고 개량형으로 만든 시제기 PC-9를 판매 목적으로 시승비행을 각국에 홍보하던 참이었다. 그 당시 한국공군은 초등 훈련기 대체 구매계획을 국방부와 합참에 품의 중에 있었기 때문에 나의 출장 기간 중 하루만 시간을 내어준다면 명품 PC-9을 시승케 하겠다는 호의적 요청이었다.

필라투스 항공사는 나의 비행기록이 대부분 전투기 비행시간으로 3,700여 시간이라는 사실과 특히 과거 곡예비행 조종사요, 팬텀 전투기의 시험 비행 조종사였음 까지도 알고 있었다.

나는 비행이란 위험이 늘 따랐지만 기회만 오면 비행하기를 주저치 않았다. 비행단의 지휘관일 때는 주에 한번은 직접 비행을 했지만 국방부와 합참의 정책 부서로 온 이후부터는 신분과 직책상 지속적인 유지비행을 할 수가 없어 비행에 대한 향수가 깊어 갔는데 우연찮게 스위스에서 비행할 수 있는 기회가 찾아 온 것이다. 그 당시 우리는 경량급 훈련기도 만들지 못했다. 미국 공군을 비롯하여 여러 인접국, 한국 공군에게 까지 수출하거나 임대계약을 추진하려던 상황인지라 우리에게 지대한 관심을 가지고 있었다. 우리 또한 제작 기술 정보에 큰 관심을 갖었다.

그 당시 필라투스 항공사는 각국에 훈련기로 수출했던 PC-7을 개량하고 엔진을 보완하여 발전형 PC-9을 완성하여 시험비행 단계에 있었고 한국의 국방과학연구소는 PC-7과 PC-9의 기본 설계에 관심을 가지고 있었다. 결국 우리의 기술로 초등 훈련기 KTX-1웅비를 개발해 낸 기본형임을 이번 시험비행을 통해서 수년 뒤에야 알게 되었다.

나는 필라투스 항공사의 공식적 안내를 받은 후 곧장 비행 준비로 들어갔다. 그 준비과정은 비록 훈련기이지만 전투기를 탑승할 때나 조금도 다름이 없었다. 전투기를 타듯 중력복G-suit을 조종복 위에 알맞게 감았고 압력 점검을 했다. 헬멧에 연결된 산소 마스크와 통신의 상태를 조이고 100%산소 흡입여부도 확인했다. 비서실에서 준비한 오렌지색 바탕의 조종복에는 내 이름까지 새겨 명찰까지 붙여놓았다. 유럽의 하늘까지 와 내 이름이 새겨진 조종복을 받아 입으려니 감개가 무량했다. 함께 할 조종사는 시험비행 조종사로 독일 공군의 전투기 조종사였음을 소거한다. 이미 친구가 된 사이나 다름이 없었다. 공중에서 만나면 적일 지라도 모든 조종사들은 그러하듯 오래 전에 알았던 친구처럼 친근감을 나누면서 비행기에 올랐다. 조종 좌석은 전투기와 같이 앞뒤로 앉게 되어 있었다. 계획된 대로 나는 주저함 없이 주 조종석인 앞좌석에 앉았다. 내가 시동을 걸고 활주를 하는 동안 그는 관제탑에 활주허가와 이륙허가를 받아 냈다. 나는 활주로 정 중앙에 항공기를 정대 시켰다. 관제탑으로 부터 이륙해도 좋다는 교신이 왔다. 나는 밟고 있던 양쪽 페달의 브레이크를 동시에 놓고 Throttle연료 출력기을 최대로 전개시켰다. 활주를 시작한 비행기는 이내 가볍게 이륙했다.

비행장 상공 10,000 피트의 고도를 잡자 조종간을 넘겼고 시험 비행 조종사는 최고의 성능비행을 과시했다. 시범비행은 비행장 상공에서 시작됐다.

샨델Chandell, 임멜만, 턴Immelman-turn, 루프Loop, 최대 선회,Maximum-turn 실속Stall, 엔진을 끄고 되살리기 시동Air-Start 등 시범을 보인 후 최고 속도로 증속했고 급상승 후 고난도 시험비행인 배면 실속과 스핀Spin을 넣고 회복조작을 해냈다. 대단한 시범 비행이었다.

날더러 해보겠느냐고 묻기에 그러마 하고 최고 속도로 Loop용공돌이와 Rolling(횡전비행)을 끝내자 마자 실속과 스핀 대신 속도를 최대로 증속시켜 오래전 한강 에어쇼때 보였던 배면비행을 했더니 그는 엄지손가락을 치켜 세워 보인다. 그러고 나니 더 이상 할 성능비행도 없었다. 알프스의 하늘은 무척 맑았다. 그가 물었다. 어디를 가고 싶으냐고? 나는 문득 오늘 우리 일행들이 융프라우에 가 있다는 생각이 떠올라 그 명산을 보고 싶다 했더니 진행 방향에서 30~40마일 멀리 눈으로 덮힌 산봉우리를 가르킨다. 만년설이다. 비행시간도 충분하단다. 나는 이 때를 놓치랴 싶어 즉각 속도를 증속하는 동시에 방향을 틀어 융프라우Jungfrau 정상을 향했다.

알프스 산맥의 최고봉이요 아무도 손 닿지 않았다 하여 처녀봉이라 이름했다는 만년설로 덮힌 명산 융프라우를 향하여 날아가고 있다니 이전에 상상조차 할 수 없었던 감동이 밀려왔다. 산 정상을 향해 화살처럼 빠르게 비행기는 날아가는데 그 아래 백두산 천지만큼의 크기로 보이는 2개의 호수가 나란히 한 눈에 보이는데 그 연한 옥빛의 색깔이 주변의 만년설과 조화되어 참으로 환상적이었다. 그 아래 설원을 스키 타듯 초저고도 비행을 하면서 산 정상을 향해 오르니 초고봉에는 관망대가 있었다. 나는 그 옆을 스치듯 가까이 통과했다. 나중에 알고 보니 유명한 스핑크스 관망대요, 식당이었다. 일찍이 상상할 수 없었던 알프스 산맥의 정수리에서 스릴이 넘치는 설원비행을 한 것이다.

스위스는 정밀의 시계공업으로 유명하지만 경비행기 제작으로도 유명하다. 필라투스 항공사가 그러하다. 독자적으로 초등비행 훈련기로 PC-7을 양산했고 20개국에 500대를 팔았다. 그 당시 PC-7을 개량하여 야심작 PC-9을 제작 시험비행 중에 있었던 중등 훈련기였고 최근에는 미국이 중등 훈련기로 기술이전을 받아 미국산 훈련기 Texan-II를 제작해서 널리 쓰고 있다. 증등 비행 훈련기로는 손색이 없는 성능과 안전성이 있는 좋은 비행기임에 틀림없다고 확신하는 훈련기다.

오늘 우리 손으로 만든 KT-1은 이 PC-9의 외형과 성능이 매우 유사한 비행기다. 우리 공군에 훈련기로서 공급은 물론 인도네시아에 12대 터키 공군에도 45대를 수출하고 있다니 우리나라 항공과학의 비약적인 발전 모습이 아닐 수 없다. 드디어 오늘날 KT-1중등 훈련기와 T-50 고등 훈련기를 우리 손으로 만들어 외국으로 수출 하게 된 것을 생각하면 놀라운 도전과 성취가 아닐 수 없다.

전역 후에 자유로운 몸으로 유럽 여행을 준비했다. 첫 방문지를 스위스로 택한 이유도 PC-9을 직접 몰며 하늘에서 내려다 본 융프라우 산정과 만년설을 직접 가 보기 위해서였다. 우리의 국적기인 대한항공으로 스위스의 수도 쮜리히 공항에 내리니 감회가 새로웠다. 그곳에서부터 유럽 자유 여행이 시작됐다. 오랫동안 꿈 꿔왔던 여정이었다. 인터라켄에서 하룻밤을 보내고 아침 일찍 융프라우로 올라가는 산악 궤도열차를 탔다. 그 날의 설원 산상 비행을 회고하면서 구속받지 않는 여정에서 진정한 자유가 있음을 새롭게 느꼈다.

우리들 일상의 안식처는 자유 속에 있어야 하지만 그 자유로움은 누구도 제약할 수 없는 넓고 높은 하늘공간이 아니라 내가 지금 서 있는 대지와 한줌의 흙이라는 사실을 새삼 발견했다. 행복했다.

내 젊음은 하늘과 같이 했다. 지금 한 줌 흙이 더 소중함을 느낀다. 살아가는 진정한 행복은 맡겨 진 책임을 다 한 데서 오는 것이 아닌가 싶다.

그 수 많은 비행 중에서도 전혀 예상치 않았던 알프스의 비행, 만년설로 덮인 융프라우 정상과 그 주변의 감동적인 설원비행의 추억이 초년병 시절 첫 야간비행에서 고향을 찾아 나섰던 향토비행과 함께 내 자신이 태생적으로 하늘을 날고 파 꿈 꾸며 살아온 조인이 아니었나 생각될 때가 있다.

지난 날들의 그 어떤 비행들도 지금 모두가 아름답게 추억된다.

비행은 그렇게 멋있고 가슴 벅찬 것이다.

1998. 가을, 알프스 산장에서.

전투 조종사의 아내

글: 김정자

이 글은 한 전투기 조종사의 아내가 된 나의 아내가 쓴 글이다. 1972년 6월에 있었던 영남일보가 주최한 대통령 영부인 제1회 전국 녀성 백일장에서 입선한 글이다. 40년 전의 일이다. 이 또한 조종사들의 아내와 가족들의 애환의 글이다. 우리모두는 그렇게 살았다. 나의 수필집 끝 말미에 용기를 내어 담는다.

백일장 경연 수필: (제목) 조종사의 아내

전투 조종사의 아내가 되어 그이를 따라 이 기지 저 기지로 전전하기를 어언 8년 이제는 어엿한 세 아이의 어머니가 되었다. 인생의 행복과 슬픔을 이

야기하기는 아직 많은 날들이 남아 있어 잠시 접어 두더라도 현재 나는 한 지

아비를 섬기고 건강한 세 아이를 교육시키는 것만으로도 행복한 것이다.

결혼 전 많은 친구들은 파일럿과 결혼하는 나를 퍽 부러워하고 멋있어 했다.

8년을 살아오는 동안 나의 생활은 그들이 생각한 것처럼 화려하거나 윤택하

지 않았고 뼈아프게 슬프고 애절한 일들도 퍽 많았다.

함께 날개를 같이 하며 창공을 지키던 그이의 전우가 되돌아 오지 않던

일, 그 가족이 며칠이고 멍한 눈으로 하늘을 바라보다 끝내 아무 말도 없이

관사를 떠나버리던 일은 같은 여자로서 참기 어려운 슬픔이었다. 그리고 보면

나는 오늘날까지 늘 초조하고 불안 속에서 살아온 듯 하다.

그이는 나라의 하늘을 치솟는 명예와 자부 속에서 맡은 임무를 수행해

나가는 지극히 충실한 군인이시다. 그러한 그이를 따라 사노라니 나도 반 군

인 된 듯하다.

이전에 퍽이나 이기적이었고 평범한 행복의 추구자였던 나도 겨레 사랑하

는 마음, 사회가 안정되기를 바라는 마음을 갖게 되었고 한 가정의 주부로서

그리고 군인의 아내로서 나라를 생각하게 되었다.

나라의 가장 기본이 가정임을 항상 강조하시는 그이의 생활관을 따라 주

부로서 가장 중요한 임무는 가정을 안락하게 평화롭게 가꾸는 일이라 생각

하며 살아가고 있다.

"살아있는 한 한점 부끄러움 없이 나라를 위하여 살아 갈 것이오." 하는 그

이의 신념에 찬 모습을 생각하면 현실에 겸허해지고 알뜰해지지 않을 수 없다.

훌륭한 역사의 이룸은 지극히 의협적이고 애국적인 몇몇 사람들의 헌신적인 노력과 열정에서 이루어진다고 했다. 비록 가냘픈 여자이긴 하나 이 나라의 하늘을 지키는 전투 조종사의 아내, 한 가정의 주부로서 이 나라를 지켜가는 역사의 한 대열에 서 있는 자부를 느낀다.

나는 세 아이의 어머니가 되고 나서부터 며칠을 두고 생활의 계획을 세워보았다. 한 가정을 행복하게 하기 위해서 과연 주부로서 해야 할 일은 무엇인가?

가족계획을 세우고 집을 마련 할 10년 계획, 아이들 교육 계획, 아빠의 건강관리, 내조의 연간 목표를 설정하고 그에 따라 월간 세부 계획을 세웠다. 계획대로 생활하려니 매월 달이 바뀜에 따라 새로운 마음가짐을 갖게 되고 예전에 갖지 못한 생활의 의욕과 자신을 갖게 되었다.

그러나 계획대로 실천하기란 그리 용이한 일이 아니었다. 안일해 지려는 욕망과 싸워야 했고 일정한 수입에서 저축을 하려면 최대한 지출을 막아야 했다. 용단을 내어 일하는 아이를 보내고 옷자락을 걷고 소매를 걷어 부쳤다. 가정을 윤택하게 그리고 건전하게 이끌기 위하여 사치와 허영의 꿈을 씻고 또순이가 되기로 각오한 셈이다.

한 가정의 주부로서 하루 일과가 시작되는 아침은 퍽 분주한 것이다. 아침 부엌 문을 열고 하늘을 보는 것이 나의 첫 일과이다. 그이가 오늘 상쾌하고 안전한 비행을 할 수 있는 하늘인지 아닌지, 그이가 피곤해 보이는 날이면 눈, 비라도 와 주는 것이 더없이 고맙게 느껴지곤 했다.

큰 딸 아이가 국민학교 1학년, 큰아들이 유치원생, 세살 난 개구쟁이 보낼 곳을 모두 보내고 나면 관사 부인회가 열린다. 마을 문고를 만들고 책을 기증한다거나 기지 병원의 환자를 위문하기도 하고 장병들에게 위문품을 전달하며 정부 시책에 따라 새마을 운동의 일환으로 1주일에 한번씩 관사 주변의 미화 작업에 나선다.

한여름 땀을 흘리며 관사 주변의 억센 잡초를 베고 꽃을 가꾸노라면 끊임없이 폭음을 내며 이륙하는 전투기의 편대가 보인다. 모두 일손을 놓고 무사하기를 비는 마음으로 편대가 사라지기까지 보고는 다시 일손을 놀린다.

주부의 하루 일은 정말 많은 것이다. 모두 나의 살림, 나의 손길이 미치는 곳에 언제나 보람이 있는 것임을 알 때 손 마디가 억세지고 손길이 거칠어져도 생활의 보람을 느낀다. 나의 근면, 지혜와 노력이 내 가정을 살찌게 하고 크게는 내 나라를 부강케 하는 첩경임을 알 때 한시도 일 손을 게을리 할 수가 없다.

한 알의 밀알이 썩어 더 많은 열매를 맺는 큰 보람이 있을 것이다.

이제 곧 아빠가 돌아 올 시간이다. 집안을 다시 되돌아 보고 아이들을 간수하고 저녁상을 준비하기 바쁘다. 그이에게 밝은 모습을 보이며 반갑게 맞이하려는 내 모습을 거울에 비춰 보면서 나는 이런 것이 여자의 행복이 아닐까 하고 소박한 행복의 정의를 내려 본다.

1972년 6월

김정자 1943년 , 대구

경북여고, 이화여대 (1964)

필자 소회

〈조종사의 아내〉라는 제목으로 전국 백일장에 나가 글을 썼던 때가 벌써 40

년 까마득한 옛 일이다.

조종사였던 아빠가 전역 후 그동안 하늘을 소재로 발표했던 시와 수필들을 모아 수필집을 내면서 보잘 것 없는 내 글을 책 말미에 담아 주셨다. 조종사 가족들의 애환이 담겨져 있어서란다. 분명 우리 애환의 한 부분이다.

당시 국민학교 1학년이던 딸이 의과대학을 졸업하고 지금은 어엿한 '박진 소아과 병원 원장'이다. 장남은 아빠의 뒤를 이어 공군 장교가 됐다. 그후 3M 코리아를 거쳐 해외로 나가 (시드니) 자영업을 하고 있다. 개구쟁이였던 막내는 고대 상대를 졸업해 지금 LG전자의 런던 MC분야 책임 부장으로 있다. 모두 건강하게 활동하고 있음에 감사한다.

다시 태어나도 이 길을 가리라 하시던 지난 날 아빠의 자랑스럽고 늠름한 모습이 새롭다.

팬텀기를 타시던 모습, 남북 회담을 준비하시던 모습, 아이들에게 참으로 좋은 아빠였다고 생각된다. 전투기와 함께 거의 평생 동안 기지 안에서 마음 조이며 함께 살았다. 그러면서도 행복했다. 지나간 세월 하늘을 바라보며 살았던 날들이, 그 순간들이 너무 아름답게 다가오는 오늘이다. 다시 범사에 감사하는 마음이다. 가슴 졸이며 하루 하루 무사하기를 기원하며 살아가고 있을 조종사들의 아내들을 생각하며 안전 비행과 더불어 그들의 행복을 빈다.

2011.12.

02

──────창공의　서사시

시　　　　　　편

조인 鳥人을 위한 헌시

불 새

새벽 초계 비행

저 하늘은

나는 하늘에 살아 있다

순간에서 영원으로

10월의 하늘 속에

어푸른 산하를

조국의 하늘을

영공에 독수리 되어

졸업앨범

7월의 태양처럼

태양을 먹고 사는 새

해 돋는 소리

불새

빨간 마후라를 위한 헌시

이 황량한 하늘의 길을 향해
억세게 날아 가라 불 새들아
너의 영원한 이름은 '빨간 마후라'
저 뜨거운 태양의 용광로 속까지도
저 차가운 밤의 별 무리 속까지도
이 길을 따라 날아가라
우리는 그렇게 커온 불새들 이니라.

누가 너의 진실을 아는 가
누가 너의 사랑을 아는 가
그 누가 너의 고독을 아는 가
그래서 그렇게 떼지어 나르는
불새 들인가

나는 느끼노라
이 빠른 음속에서 너의 신념을,
이 높은 고도에서 너의 의지를,
그리고 너의 빛나는 눈동자에서

Phoenix

Ode to the Scarlet Mufflers

Phoenix!

Fly high with power great,

Through the sky barren!

Your eternal name is "Comet - Alpha"

Take this celestial bridge

To the Furnace of the Sun

Or to the frozen constellations.

We are the Phoenix bred up for that.

Who dares say he knows your sincerity

Who dares, your love And

Who dares say he has your solitude

Is that why they call you Phoenix

Flying shoulder to shoulder

Your codes of belief

I have, at this sonic velocity.

Your invincible will

I share, on this high sublimity.

Your deep melancholy

I see, from your sparkling eyes.

깊은 애수를…
나는 헤아리노라
너 목덜미 붉디 붉은 빛깔에서
피 보다 진한 망향을
태양처럼 뜨거운 정열을,
활화산처럼 치솟는 너의 생명을,
그래서 너를 '빨간 마후라'라 이름했다.

나도 이 황량한 길을 함께 날아 가리.
태양을 향해, 별무리를 향해,
높이 높이 날아 가리라.
그리고 찬란히 펼쳐오는 내일을
너희 불새 들과 함께 맞으리.

1980. 01.01 새해 아침

I say I would penetrate

Into your nostalgia dare crimson,

Into your Sun- brought energy, and

Into your volcanic vitality,

Judging from your neck curiously scarlet.

That is why I name you Red Scarf.

I will fly this sky way barren with you,

Toward the Sun, and

Toward the Milky Way

I will fly ever higher. And

I will take tomorrow

Glowing with resplendence.

All together with you, my Phoenix !

'991.01.01

새벽 초계 비행

아직 동이 터 오르기 까지 시간이 이르다.
이륙 예정시간 06시
사랑하는 아내는 벌써 일어나
커피를 끓이고 있다.
아이들의 잠든 모습,
계집아이는 인형을 안고 둘째 놈은 엎드려 자고 있다.

새벽의 따끈한 커피를 마시노라면
무사하기를 바라는 아내의 눈길
조종복에 빨간 머플러를 목에 둘러 문을 나서면
2월의 하늘 바람은 차고 별은 외롭다.

황량한 활주로, 애기 팬텀 주위에는
이미 밤의 정적은 없다.

반가이 맞는 믿음직한 정비사
날개를 나란히 한 억센 요기의 모습
시동 장비의 요란한 엔진소리,
이미 임무를 위한 약속은 되어 있다.
이제 새벽의 먼동이 서서히 밀려 오고

COMBAT AIR PATROL

It's too early a dawn for sunrise.
The time to take off is 6 o'clock
My beloved wife is already at work
To serve me a morning coffee.
Yonder, my babies are sleeping
A peaceful sleep.
My daughter is sleeping
With a doll hugged in her arms,
And my younger son is sleeping
With his face down.

I am drinking my coffee
My heart warms at the sight of my wife
Who seems to pray for a safe flight
With a love overflowing for me.
The sky of February is cold, and
The stars are lonely,
When I go out doors
Wearing a scarlet scarf
and my flight suit

The runway is deadly barren.
But, no more quietude of night

Around my Phantom.
Welcoming voices of the

육중한 전폭기는 생명을 얻어 활주를 시작한다.

우리의 생명선인 긴 활주로를 따라
편대는 이륙되었다.

지금 나에게 무엇보다 궁금한 것은
이륙 완료 후 요기로 부터의 응신
" 2번 기 엔진계통 이상 없음 오버. "
" 1번 기도 양호하다 대형을 유지하라".
이제 우리는 범 할 수 없는 강한 독수리
기수는 하늘로 치솟으며 북으로 향 한다.

누가 이 아침의 조용한 나라를
동방의 등불이라 하였는가!
멀리 동해 찬란히 솟아 오르는 태양
아침의 신비스러운 안개 속에 움직이는 산하

아, 내 조국은 정녕 아름다운 강산!
영공엔 레이더에 잡힌 어느 항적도 없다.
어느 누구도 노략할 수도 없고, 되어서도 안 될
동해의 만 곡선을 따라 펼쳐 지는 이 조국의 모습,

Trustworthy ground crews and
The shape of the invincible fighter
With the wings in arrangement,
Now, we are ready for any mission

The sunrise is just beginning
At once the heavy fighter bomber starts
Taxiing as if given a breath life.
Our unit takes off the long runway
Which is our lope of life

What I want to have first of all
Is the RT from my fellow fighter
"# 2 engines are O.K over."
"# 1 O.K Keep the formation."

Now, we are the eagles of the sky
Never to be beaten off.

Our fighters are vectored to the North,
With the altitude climbing higher and higher
Who called this country of morning calm
The torch of the Orient?
The spectacular sunrise of the East Sea and
The mountains and rivers wriggling
In the mystic morning fog.
Ah! My country is a real beauty
Of rivers and mountains!

새벽의 초계 비행은 더 높고 더욱 빠르다.
수도 상공의 초계비행
이 높은 고도, 이 빠른 음속
동해와 서해가 한 눈에, 그리고 멀리
원산만이 보인다.

푸른 하늘이여,
어느 때쯤 이렇게 아름다운 강산을
패기찬 요기와 함께 두만강을 따라
북만주 건네보며
동이 터오는 하늘
초계비행을 할 까.

1978. 01. 01. 새해 아침

I have no track on the radar.
Think of your country stretched
Along the curvilinear coast of the East Sea.
Nobody can plunder this country.
And my country must not be plundered.
The combat air patrol at dawn
Is ever higher and ever speedy.
Combat air patrol over the sky of the Capital -
So high altitude and so swift sonic velocity,
I have both the East sea and the West sea
At this height.
The Wonsan bay is also in sight
Far away from here.

My God!
When can I have a combat air patrol
By my bold Fighter
Along the Duman River
Looking over Manchuria the great plain
At a brightening dawn?

1978. 01. 01

저 하늘은

긴 활주로,
그것은 우리의 생명선.
그 좁은 길 위에
우리는 목숨을 걸었다.

넓고 먼 하늘,
그것은 우리의 영원한 망향.
거칠 것 없는 저 하늘에
우리는 사명을 걸었다.

좁은 대지의 길을 떠나
하늘로 솟구칠 때 길 언저리, 언저리
스치는 구름,
흐르는 별,
그것은 우리의 억센 낭만이요
두려운 매력.

저 하늘
나란히 뻗은 자랑스러운 선, 선
그것은 우리 만이 하늘에 살아

The Sky

The long runway
It's our veins of life
We have our lives hinged
Upon that narrow road.
The wild sky far — away
It's our hometown of eternity.
We have our burdens laid
Upon the sky which has
No obstacles.

Soaring off the long narrow runway,
We have spots of clouds
And the stars passing by
seemingly along the runway.

The clouds and stars our
Romances never to be broken,
Or the charm scaring.

Look at the proud lines

창공의 서사시 | 167

하늘에 다할 사나이의 언약

하늘로 치 솟아

동과 서,

남과 북으로 막힘없이

휘누빌때 우리의 날개

그것은 조국의 깃발.

그 누가

그 길을 막을 것인가

하늘의 명예와 대지의 정의와 조국의 품으로

통하는 우리의 날개를.

1966. 09.

And lines in exact parallel −

They are our curse

That are made by the men

Living in and devoted to the sky

When flying in every direction,

Our wings are the

Banners of our father land.

Who dares to keep us away

Who dares to deprive us of the wings −

The honor of the sky,

The right of the earth.

1966. 09

나는 하늘에 살아 있다.

1964년 10월 24일 전천후 제트 요격기 F-86D애기와 함께 군산 앞 바다에서
조국의 하늘을 지키다 순직한 고 진형권 대위 영전에,
그리고 그와 은익을 같이 했던 전투 조종사에게 이 시를 삼가 바친다.

하늘에 살다 승화해 간
외로운 넋은 말한다.
"26세 짙은 젊음을 조국의 하늘에다 살라 먹었노라"

뜨거운 사랑도 하늘을 바꾸지 못했고
대지의 권세와 명예도
하늘의 꿈과 맞설 수 없었다.

날로 높아가는 하늘 아래서
아. 내 조국의 저 하늘 아래서 자라 온
한 떨기 꽃잎은 졌어도
넋은 영원히 하늘에 살아 있다.

그리고
내 후예들, 그 꿈은 더 높아
하늘로,
하늘로
잇대어 올 것이니

Living in the sky

I want to devote this poem to the spirit memorial of the late Captain Chin, Hyung Kwon, who died at his post of duty with his favorite all- weather Jet interceptor F-86 D over the near sea of Kunsan on October 12, 1964. This poem is also devoted to his fellow combat pilots.

A lonesome spirit says who.
Died after a courageous life in the sky,
"I had my prime youth burnt
in the sky of my father land."
"The fever of love couldn't be changed with the sky
And the earthly power or glory
Couldn't challenge his desirer for the sky.

Under the sky becoming ever higher
Ah! A beautiful flower collapsed.
It grew under the sky where it died.
However, the spirit is alive forever
In the sky.

And my descendent,
Their dreams are higher than mine.
They will follow me one after another
Up to the sky where I flew.

그 기쁨 느끼며 나 숨 지노라.

살아 비겁하지 않았고
살아 헤매질 않았다.
그리고 나 살아 우질 않았다.

가슴에
늘 높고 푸른 끝없는 하늘이
항상 내 곁에 있기 때문이었다.

서해의 거센 해풍에
끝내 못다한 이 맘
그녀에게 전 하고 싶다
깊은 가슴속 사랑의 뜻을…

이제 열풍은 가고
잿빛 먼 고향에서
지나간 일들을 기억하며
나 편히 쉬노라.

그리고 남은 젊은 날들을
구름에 흘러 보내노라.

1964.10.12
故 진형근 대위 장례식에서

Thus, I die with my heart

Charged up with joy.

I was not a coward when alive.

I was firm in confidence.

And I never cried.

Since I had the endless high cobalt sky

In my heart.

Let the truth of my love

Be rendered to her.

It was so hard to confess to her

Even in the barren sea wind of the West Sea.

Now the hot wind is gone.

I live in peace in the grey home country

Recalling the past things.

And,

I have my youthful days

Blown away with the clouds."

1964. 10.12.

순간에서 영원으로

그 순간
우리는 저마다 임무를 띠고
하늘을 날으고 있었습니다.
그리고 누군가가 절박한 갈림길에서
애기를 다루고 있음을 알았습니다.
무사하기를 무사 하기를
날으는 가슴마다 조종간을 움켜진 주먹마다
피 땀이 맺친 간절한 기원이었는데…

당신은 참으로 슬기로웠습니다.
당신은 참으로 굳세게 살아왔습니다.
그 날 그 불기둥을 맴 돌며
나는 통곡했습니다.

그날의 오후
7월의 뜨거운 태양아래서
우리 모두는 초점을 잃은 동공이었습니다.

기지마다 슬픔이 전해지고
검은 조기가 우리들 가슴 가슴에 달렸습니다.

Moment to eternity

That moment

We were flying with missions.

Then, we found one of us

was desperately struggling in his aircraft

In an emergency.

Oh, my God! Please! Please!

To think we were praying for his safety

Hearts and souls with our hands and bodies

Soaked with sweat.

You were really bright.

You were so strong.

I was all tears

Flying and crying around the flare

That day.

That afternoon,

Under the sizzling sunlight of July

Our eyes stared without focus

With deep sorrow.

당신이 지난 날을

그 장함을 이야기 했습니다.

그리고 조용히 명복을 빌었습니다.

해바라기 처럼

언제나 하늘을 쫓을

우리는 오래 당신을 기억할 것입니다.

1966.07.

故 조전섭 선배 영결식에서

1950년 6월 26일 그해 15세 소년으로 단신 월남한 후 공사7기로 임관,

전투조종사가 되어 통일을 염원하며 하늘을 나르던 그다.

그가 통일의 그날을 위해 은빛날개를 가슴에 담았던

그의 정열과 도전을 우리는 아쉬워 했다.

The dolor permeated every heart

At all air bases, and we wore flags

Draped with black.

Your past and the saga was told.

We wished you a better world.

We were like sunflowers looking at the sun.

You will be remembered forever

By us who always live in the sky.

1996. 07.

10월의 하늘 속에

건군 제 21주년 국군의 날에 부쳐

우리 열망의 계절은 10월
10월은 우리 곁에 와 있다.
끝없이 넓은 창공에
은익의 향연을 누릴
가을은 누구의 계절인가.

10월은 해후의 계절
이 폭 넓은 10월의 풍성함 속에
기지 마다의 조인이 모여
하늘로 치솟을 화려한 비군은
10월의 따뜻한 은혜

하늘 빛이 높이 높이 오르는
10월은 비약의 계절
코스모스 청순함이
바람결에 흐르는데
은은한 저 비성은 어디로 흐르는가.

한 줄 시원히 끄인

In the October Sky

October is the month of joy.

October is with us.

Whose month is October?

We are banqueting in the endless sky

By the silver wings.

October is a month of chance meeting.

In this overflowing opulence of October,

The bird men from the bases

Are flying in formation

With splendor.

It's the warm blessing of October.

October is a month of soaring.

The sky becomes ever higher.

The freshness of cosmos

Is dancing, riding the air.

where is the sonorous note of the

Fighters coming from?

빌딩 상공의 콘트레일

그것은 수만피트 고공

내 전우의 장엄한 호흡

반짝인 은익 그것은 누구도 범할 수 없는

자유의 기치

10월은 우리 열망의 계절

사과잎 사이에서 오는

성숙한 계절을

애기와 함께

우리 모두 넓은 광장으로 나와 맞이하자.

1967.10.01. 국군의 날

It comes from the silver wings

Of my fellow pilots

Sparkling at the height of

Tens of thousands of feet in the sky

It is a banner of freedom

Never to be overcome by anybody.

October is the month of joy

Lets receive this month of maturity

Hand in hand

With our favorite aircraft.

October comes from among the leaves of

Apple trees.

1967. 10. 01 Armed Forces day

이 푸른 산하를

6.25를 상기하며

그 날 그 불길 속에서
이슬로 스러져 간 병사의
그 아픔을 그대는 기억하는 가.

남부여대하여 형아, 아우야, 울며 찾으며
남으로 향한 피난 길
초조와 불안, 학살과 납치,
약탈과 방화
짓밟히고 살육된 그 통분의 6.25를
그대는 지금 기억하는가.

피로 식어간 그 병사들의
최후가 아니었던들
오늘 이 푸른 산하가 있을 것인가.

빗발 치는 총탄의 그 고지 위에서
노도 치는 그 바다에서
분노의 그 하늘 위에서
나라를 지킨 거룩함이여 !

Standing on this land green

on a long runway with favorite fighter

Do you remember the sorrow of the

Soldiers demolished in the day?

famorning dew that day?

Men carrying luggage on their backs

Women left in charge, all were crying

For brothers, sisters, and parents.

Anxiousness, uneasiness,

Slaughter and seizure by force,

And plunder and arson-

Do you remember the bitter Korean War

Of homicide and cruelty?

Can this green field be given to you

Without the bloodshed of the

Soldiers?

Oh, the holiness of the soldiers

Who fought for the country

오늘은 또 다시 맞는 6.25.

북녘땅 가련한 형제와 동포를 생각하고

겨레의 수모와 비통 속에

죽음으로 싸워야 했던 뼈 아픈 상처를

푸르러가는 이 산하의 현실로 바꿔

더 크게 우리는 커가야 한다.

1968. 06. 25
6.25 행사를 마치고

At the stronghold under the shower of bullets,

At the sea of wild billows, and

The sky of rage!

Today is the memorial day of the war

We ought to remember the poor

Brethren of the North and the

Painful wounds from

The bitter fights of death

With grief and mournful sighs.

We must make a greater progress

To compensate for the past.

1968 .06 .25

조국의 하늘을

높고 푸른 조국의 영역을
푸른 제복의 정열과
빨간 마후라의 사나이 그 신념의 조인에게
맡겨도 좋습니다.
날개 가냘픈 초년기의
비익된 과학 앞에
슬픈 희생이 되었던 날도 있었습니다.
그리고 꿈만이 하늘처럼
부풀때도 있었습니다.

이제 우리의 전열은 F - 86D 전천후
요격체제로 발돋움 하였습니다.
초음속에 하늘과 하늘을 잇대고
코발트 빛깔속에 그은 하얀 비행운
그것은 자유와 평화를 위한
우리의 자랑스러운 기치입니다.

밤과 낮 맑고 흐림에
관계없이 대지를 떠나서

The Sky of Father Land

You may trust

The high blue sky of the nation

With the passion of Blue Uniform and

The Bird men in blue.

There were days when some as poor tenderfoots were

bitterly sacrificed for modern science.

There were also days when our dreams were

Buoyed as high as the sky.

Now, we are warriors

Ready for combat.

The battle line is linked to the sky

By a super - sonic velocity

The tail cloud in the cobalt sky -

It is our banner for liberty.

Explosion at night - exercise intercept by

An all - weather fighter, which is a

March of peace in arrangement.

윤곽져 오는 조국의 만곡선을 따라

하늘로 비익을 높이노라면

우리는 이미 신념의 조인

조국의 하늘을 지키는 세이버 도그의 영웅들이여

그 힘찬 비상의 날개, 늠름한 용자

그리고 넘치는 젊음이여!

그대 우리의 자랑이어라.

1967. 01. 01.

새해아침 수원기지에서

F-86D 세이버 도그의 도입을 축하하며

In the morning, the first day of the year 1967,

Our fighters are on acclivity

Along the curve of the peninsula

Making a definite shape.

That moment we are already bird men of will

Oh! Oh! Air force!

That strong flight and ongoing soaring

With such magnificence to defend the

Sky of Mother land!

And that youthful power

Coursing through my veins

1967. 01. 01

영공에 독수리 되어

별과 별 사이 흐르는 유성이 되어
조국을 굽어보며 새해 축복을 빌라.
대지는 아직 어둠을 안고 꿈틀거리고
새벽 하늘은 별들 거울이 되어
비쳐오는 영롱한 빛깔 몇몇 개
그 속에 나 별 하나 되어
조용히
지극히 조용히 모습져 오는 조국의 산하를
굽어보노라면
심장으로 확 몰려오는 더운 피
이런 것이 조국에의 사랑인가?

새벽 안개 속에 꿈틀거려 오는
저렇게 평화스러운 모습
부모 형제들, 사랑하는 사람들, 그 이웃들,
알루미늄 날개에 실려진
수많은 언어는
오직 조국이란 큰별 속의 바람소리일뿐

새벽아침 동해 해맞이 임무를 띠고

Like an Eagle at the sky

Flying between the stars as a meteor

I lavish blessings over the land below.

The Earth has yet embraced the darkness.

The stars at dawn, as if great a mirror,

A few rays of starry lights throw.

And a star in the sky

Looks over the mother land

Silent

So silent

With a shape eternal

Oh!

How my heart beats quickly

I feel this moment!

Is this the love of country I cherish?

Meandering nearer into the eyes

Are the peaceful fields and rivers

Of liberty innocent.

My parents,

솟구친 애기 팬텀은

지금 서서히 밝아오는 새해의 순간을

가장 높은 고도와

마하의 속도로 맞이한다.

삼천만 겨레의 거대한 한마리 독수리 되어

동해의 심연 치솟는 새빨간 태양으로

더없이 맑은 1971년 새해 아침의

조국 하늘에

"근하신년" 비행운을 그린다.

1970. 01. 01 새해 아침

Neighbors,

Brothers and sisters,

And multitudes of words

Condensed into the aluminum of fire

Are just within the sense of unity

For the star great

Called "Father Land."

Taking off at the signal

My favorite fighter Phantom

Is now hovering at the highest altitude possible

At a speed of Mach

With the sun brightening at dawn.

Now I am an eagle for the people

Flying into the sun emerging from

Under the depth of the sea.

1970. 01 .01

졸업 앨범

전우여!
젊은 그날의 그리움이 밀려올 때
이 장을 열라.
헤아릴 수 없는 시간 위에 바쳐진
너의 넋이
여기 간직되어 있다.

전우여!
슬픈 날이 닥쳐오고 용기를 잃을 때
이 장을 열라.
철문을 깨치고
온 겨레의 축복 속에
영광을 쟁취한
너의 억셈이
여기 묻혀 있다.

전우여!
세월이 흘러 인생의 황혼이 올 때
이 장을 열라.
너의 그 자랑스러운 그날의 회상이

그날의 꿈을 이야기해 주리니.

아! 뉘 그 역사를 아는가
죽음과도 같은 자기 학대와
거칠은 젊음을 순화시키려는 격량 속에서
저 강물과
저 달과
저 태양은 얼마를 흘렀고 바뀌었는가?
이 어두운 대지 위에
빛나는 은하여
너 이름 9기 사관이려니

신념과
조국과
생명과
추억으로 승화된
젊음이여!

여기 살아있거늘
조용히
이 장을 열라.

'961. 03. 20
동기생 졸업앨범을 엮으면서

7월의 태양처럼

7월의 저 넓은 하늘과 깊은 바다의 고요한
평화는 어디서 오는가?
7월의 저 찬란한 하늘과 바다의 뿌리칠 수 없는
매력은 어디서 오는 것인가?
그것은 태양의 찬란한 빛과 뜨거운
태양의 정열에서 오는 것이다.

그 누구도 막지 못하는 하늘의 비바람과
바다의 성난 노도는 7월의 무서운 분노이며
이 분노를 창조하는 태양은 또한 위대하다.
이 7월의 태양속에 태어난 151은 태양의
정열 바로 그것이다.

산에서 우는 산새여,
봄, 여름, 가을, 겨울없이 피는 꽃이여,
너의 안식과 사랑의 속삭임은
모두 태양의 정열 때문이니라.

태양의 정열은 불같이 뜨겁고
때로는 솜털같이 따스하며 그 자상함은

밤하늘 별 하나에서 해변의 코래알
하나에까지도 미치느니라.

수천의 모닥불이 지펴져 나갈지라도 그 빛과 열은
태양의 열기에 미치지 못하며
밤하늘 별빛도 태양빛의
고요한 은혜이거늘…

7월에 태어난 태양의 후예 151이여
사철없이 꽃 피우는 그 뜨거운 정열과
밤하늘 별을 빛나게 하는 그 슬기와
온누리 품어주는 넓은 가슴으로
우리는 태양처럼 그렇게 뜨겁게 살아가자.

1972. 07

태양을 먹고 사는 새

사관생도(士官生徒)를 위한 묵시(默示)

하늘높이 날으는 새를 보며
독수리 그 억센 날개를 보며
살고 나는 자란다.

예리한 그 눈빛을 보며
고독한 눈매를 보며
느끼고 나는 생각한다.

그리고
하늘을 그리며
바다를 사랑하며
한줌 흙을 위해
나는 행동 한다.

달무리까지도
풀잎에 맺힌 이슬도
낮과 밤의 시간까지도
모두 우리의 정열이다.

그렇게 살아온 떼무리
그렇게 행동하는 불사조
우리는 태양을 먹고 사는 서다.

1981. 10. 01
공군 사관학교
삼사체육대회 격려시

해돋는 소리

『나는 큰 새일까?
작은 새일까?
멀리 나를 수 있는 새일까?......』
메추리는 동주리에서 꿈을 꾼다.

누군가가 조용히 다가와 말한다.
『붕정만리 쉬임없이 날으는 새
있다면
바로 당신입니다.』

『난공불락의 마지노 성벽을 넘어
심장을 할퀼 부리가진 새
있다면
바로 당신입니다.』

『가장 높이 날아 가장 멀리 보는 새
있다면 바로 당신일 뿐입니다.』

등주리 새 메추리는 미소지운다.

『그래 나는 위대한 새야

은빛 날개 가진 해동청이야.

그런데 당신은 누구야.』

『나는 "조나단"입니다.

한마리 갈매기에 불과했습니다』

『......................』

추운겨울, 이른아침

날개의 소리

해돋는 소리

1981. 3공 29기 졸업식에 부쳐

수필집 : 하늘에 산다.

에필로그 Epilogue

전투기 조종사들은 언제나 함께 기지에서 살았다. 전투기를 늘 가까이 두고 낮과 밤의 가림이 없이 활주로 가까이 있는 비상대기실에서 출동명령을 기다리며 있는 基地에서 고락을 같이 했다. 정비사도 무장사도 그들의 가족과 언제나 함께 했다. 전국에 높고 험한 고지 고지마다 레이더 기지가 있어 나라의 하늘을 지키는 첨병이 되어 왔다.

그들의 일거수일투족이 전투기 조종사의 수족이 됐다.

1950년 6.25 전쟁 당시 전투기 한대도 없었던 건국 초창기에서부터 반세기가 지나는 오늘 대한민국 공군은 F-4E 와 F-16D, F-15K 등 3세대 4세대 전투기를 보유하면서 우주 시대를 열어가고 있다. 참으로 비약적인 발전을 해온 것이다. 대한제국의 멸망에서 나라를 되찾기까지 그리고 오늘의 대한민국 독립된 공군이 있기까지 수많은 선각자들이 있었다. 역사의식을 가지고 미래를 조망하며 공군을 육성하고 조종사를 양성하며 끝내 전투기 조종사가 되겠다던 그들의 불굴의 도전이 있었기에 오늘의 성취가 가능했다고 믿는다.

하늘에 열정을 다 한 모든 분들에게 깊은 경의를 드린다.

우리도 이제는 우리가 만든 제트기로 공군력을 과시하는 전담 에어쇼팀을 가지고 있다. 여자 전투 조종사도 배출되었다. 곧 인공위성이 발사 될 것이다. 참으로 한국 공군의 비약적인 발전의 한 모습이다.

국가 지도자의 리더십과 자주 국민 저변에 자주국방의 의지가 있었기에 가능했다. 전쟁 억제력으로서의 공군력에 대한 이해와 항공사상의 보급과 그 확산이 있었기 때문에 도약이 가능했다. 온 국민이 성금을 모아 펀텀공군을 만들었고 그것이 우주 공군으르 가는 산실이 되었다.

나는 다시 태어나도 이 길을 가리라 생각하며 하늘을 날며 꿈을 키워왔다. 인생이란 각자의 꿈을 찾아가는 여정이 아닌가 싶다. 공근본부가 소장한 나의 공식 비행시간은 3,691시간 45분이다. 참으로 많은 시간을 하늘에서 보냈다는 소회를 느낀다. 전투기 조종사가 되어 그들과 함께 하늘을 자유롭게 날며 나라를 지켜 온 것을 자랑스럽게 생각한다.

2부에 수록된 필자의 창작시 13편 중 9편이 영어로 영역되어 있다. 영시를 한글로 번역하기는 쉬우나 우리네 한글 시를 영어로 영역하기는 쉽지 않았다. 이 영역 작업은 당시 필자의 부관이 수고를 해주었는데 그는 서울대학 문리대 영문과를 졸업한 이장우 중위다. 영어가 출중했지만 문맥의 구성과 어휘 선택은 필자와 친교가 있었던 미 공군 고문관이 도와 주었다. 특별했던 이런 문화활동들이 한미공군의 친선과 유대에도 일조가 됐음을 밝혀 둔다. 영역을 도와준 부관이었던 이장우중위는 지금 부산대학고 경영대학 교수이며 부학장으로 있다. 영시를 번역한 노력들이 아깝고 소중해 편집을 함께 실었다. 지금도 고마운 그의 헌신적 보좌를 잊지 않고 있다.

부족함이 많았던 필자에게 지난 날 지도와 편달을 내려 주셨던 많은 분들께 진심으로 감사 드린다. 유명을 달리한 조인들에게 시를 바친다.

이 한 권의 하늘의 서사시가 사라져 간 전투 조종사들을 기억케 하고 새로운 젊은 조인들이 더 많은 열정으로 하늘에 도전자가 잇대어 온 다면 더 없는 바램으로 이 책을 접는다. 이 책을 펴 내기까지 교정과 편집을 도와 주신 여러분들께 감사드린다. 끝으로 긴 세월 동안 조종사의 아내로서 인생의 반려자로서 인내하며 내조해 준 아내에게 감사한다.

2011.10 지은이 대미.